한국창조문학대표수필선

녹색여행

박신배 수필집

창조문학사

■ 머리말

인간은 태어나면서 무엇인가 생각하는 존재이다. 단말마와 같은 생각에서든 거창한 사상을 논하는 대철학적 생각의 단초든, 인간은 생각한다. 몇 년 동안 생각한 글들을 모으니 한편의 책으로 묶을 수 있었다. 녹색여행이라는 제목을 달고 우리 시대 사람들과 대화하려고 한다. 이 수필은 동서양의 사람들이 함께 어울려 이야기를 나누며 평화의 대화를 하고 싶은 것이다.

나는 이 글을 쓰면서 한반도에 사는 한 사람이라는 말 걸기를 한다. 한국 사람으로 살아간다는 것이 무엇인지, 한국인의 문화가 무엇인지, 이 땅에서 산다는 것이 무엇인지 생각해보려고 한다. 이 글에서는 생각하는 삶, 자연과 더불어 사는 삶. 인간과 함께하는 삶, 이 시대를 살아가는 의미와 삶을 이야기 한다. 생활 속에서 만나는 자연과 사람, 문화와 계절 등이 소재가 되어 한국 역사와 문화 속에서 인간과 자연을 관찰하고 세계를 여행하면서 느끼는 생각들도 함께 나눈다. 역사는 창조적 소수에 의해 꿈꾸고 준비하는 자가 만들어 가는 것이다. 한 목회자가 이런 말을 한 것을 기억한다. "준비하고 준비하라. 철저히 준비하라, 그리고 완벽하게 준비하라." 인생은 준비하는 사람을 통해 미래는 열리고, 또 그 소원하는 바를 이룰 수 있다.

이 글은 한 인간의 정신과 영혼이 무엇을 말하고 있는지, 어디로 가는지 생각해 본 작업이다. 인간은 자연과 사람과 함께하는 존재이며, 배움과 사색을 통해서 자신의 깊이를 모두가 가지고 있는데 말하지 않고 살아가고 있다. 나는 한 잔의 차를 마시면서 글을 쓰는 것이 이 세상과 소통하는 방법이었다. 이 글을 소개하는 이유는 아름다운 세상을 만들어가고자 하는 까닭이다. 나의 이야기가 여러분들의 이야기이기도 하리라 생각한다. 사람들이 내 이야기를 더 많이 듣고 싶어 하기를 바라며 처음으로 여러 해 쓴 글들을 모아 용기를 내어 세상에 내놓는다(2010.12.10.).

아직도 책으로 나오지 못해, 세상에 빛을 보지 못했다. 세월은 흘러 7년이란 시간이 지났다. 처음에는 상을 받으려고 글들을 모았지만 다시 옛 글을 읽으면서 책으로 내려고 했던 원고를 교정해서 창조문학사에서 아들 혼인식에 맞춰 내려 한다. 사람은 가고 글은 남는 것, 이 책에 수필을 보는 분들이 자신의 인생을 돌아보면서 삶의 여유를 갖기를 바란다.

수당산 아래 책머리에서

2017년 여름

지은이 박 신 배

■ 추천사

지성과 감성과 영성의 대화

홍 문 표
시인·평론가·전오산대학교총장

수필가 박신배 교수의 수필집 『녹색여행』을 상재하게 된 것을 진심으로 축하한다.

필자는 이 시대에 시든 소설이든 수필이든 문학하는 분들이라면 무조건 존경한다. 문학하는 사람들끼리는 명작이니 가작이니 하면서 우열을 논하고 있지만 이 치열한 생존경쟁 속에서 모두가 물질을 신으로 생각하는 척박한 물신 시대에 작품을 잘 쓴다 못 쓴다가 문제가 아니라 이러한 시대에 문학을 한다는 것, 문학을 생각하고 문학을 사랑하고 나아가 작품으로 글을 쓴다는 것만으로도 놀랍고 아름답고 가치 있는 일이기 때문이다. 언젠가 일본을 경제적 동물의 나라라고 비아냥거린 일이 있다. 그런데 그건 남의 나라 얘기가 아니다. 바로 우리 사회가 그렇기 때문이다.

문학을 한다는 것은 보다 인간답게 살자는 것이다. 물론 인간에겐 물질도 필요하다. 그러나 인간이 물질에만 집착한다면 하나님 형상을 닮은 영적인 존재로서의 인간상은 상실되는 것이고, 본능적으로 살아가는 동물과 다를 바가 없다. 아름답게 사는 데는 모든 예술이 이에 해당된다. 그런데 문학에는 철학도 있고, 종교도 있고, 역사도 있고, 감동적인 미학도 있다. 그러기에 문학은 종합적인 인문학이고 종합적인 예술이라고 말할 수 있다.

이러한 문학정신을 살려 박교수는 이번 수필집 제 1부에서 '인간, 우리는 왜 사는가'라는 매우 철학적이고 신학적인 주제를 제시하고 있다. 그는 「인간」이라는 작품에서 이런 결론을 내린다.

> "황혼의 과정에서 마지막 불꽃을 피우려는 몸부림의 군상(群像)들이 안쓰럽게 보이는 것은 바로 인생의 낙엽이 아름답게 보이지 않고 슬프게 보이는 사람들에게 인생은 그래도 살만하며, 신의 뜻대로 움직이는 것이라고, 인샬라, 회교도의 단어를 꺼내지 않고 햇볕이 드는 우장산을 향하여 까치가 전해주는 기쁜 소식을 안고 종종 걸음으로 집으로 향한다."

여기서 볼 수 있듯이 그의 수필은 매우 지적이고 철학적이다. 뿐만 아니라 매우 신앙적이다. 이 문장에서 그는 인생은 살 만한 것이며 결론은 신의 뜻, 바로 '인샬라' 라는 것이다.

그러나 박 교수의 수필은 인생이란 무엇인가의 문제만이 아니라 교육문제 가족 문제 등 현실문제에도 뜨거운 관심과 예리하고 해박한 문장력을 보인다. 그런 점에서 박 교수의 수필은 요즘 시중에 범람하는 신변잡기 같은 잡문과는 근본적으로 차원이 다른 지성적인 에세이라는데 이의가 없다.

두 번째는 매우 자연친화적이다. 박 교수는 이번 수필집의 두 번째 주제를 '자연과 함께하는 삶'이라고 하였다. 왜 산인가? 자연은 인간의 마지막 희망이자 구원이기 때문이다. 작품 「산사랑」에는 이러한 구절이 있다,

"산이 주는 기쁨과

평화, 자유와 사랑, 은혜와 여유로움을 누리기 위해 산으로 가자. 산처럼 크고, 풍요롭고, 신비롭게 살기 위해, 자연의 이치를 배우고 산처럼 살기 위해 산에 오르자. 산은 평화의 자리, 영혼의 쉼터이다. 지친 영혼이여, 봄바람 부는 성산(聖山)으로 청초한 옷을 입고 있는 사랑스런 님, 영원의 산님을 보러 가자."

이러한 자연 친화적 상상력은 이번 수필집의 제목을 「녹색여행」이라고 한 사실에서 더욱 분명해진다. 문명으로 지친 현대인들이 정말 찾아가야 할 곳은 요란한 해외여행이 아니라 모든 생명의 원천인 녹색 즉 자연으로 돌아가는 것이다. 그러나 녹색여행에도 문제가 있음을 제기한다, 저마다 녹색여행을 외치면서도 또 다른 오염지대를 만들고 있기 때문이다. 그럼에도 불구하고 우리는 자연을 떠날 수 없으며 녹색여행을 포기할 수 없다는 것이 박수의 신념이다.

"이제 녹색 지대가 생명에 적신호를 알리는 적색 지대로 둔갑하는 모습을 본다. 생명을 찾는 녹색으로의 여행이 생명을 잃는 적색으로의 여행으로 바뀌는 현상을 본다. 욕심과 탐욕, 부정한 인간이 자연의 본심(本心), 항상심(恒常心)을 버릴 때 녹색에 있지만 죽음이 도사리고 있지 않은가. 녹색 지대에 선 사람들이 또 다른 녹색 지대로 여행을 해야 하는 시점에 서 있지 않은지, 자연은 여전히 푸르름으로 우리를 맞이하는데 사람들은 왜 계속 푸르지 않는지, 녹색 여행을 언제까지 계속해야 하는지...운무(雲霧)가 낀 산하를 바라보며 양평 대교를 건너고 있는 차는 집으로 녹색 향기를 가진 나를 데려다 주고 있다. "

박 교수의 수필은 늘 인생이란 무엇인가고 날카롭게 이성적인 지론을 편다. 그것은 수필문학이라는 관점에서 볼 때 건조한 문장을 예견할 수도 있다. 그러나 박 교수의 이번 수필집은 매우 문학성을 담보하고 있으며 특히 시적 상상력을 더하여 감성적인 문장력을 확보하려고 노력하고 있다. 「나의 꽃-한상경」이란 시에 이런 구절을 인용한다,

네가 나의 꽃인 것은
이 세상 다른 꽃 보다
향기로워서가 아니다
네가 나의 꽃인 것은
내 가슴속에 이미
피어있기 때문이다

얼마나 감동적인가, 이러한 인용을 많이 하고 있다. 그러나 참으로 하나님 중심으로 삶을 살아가는 박 교수의 이번 수필집은 기독교적 세계를 어렵지 않게 수필형식을 취함으로써 보다 독자에게 다가가는 친근감을 선물하고 있다. 하나님의 아름다운 세계와 그 방대한 하나님의 우리들을 사랑하심을 전달하는 세련된 문장형식을 취하여 신앙적인 영성을 풍성하게 담고 있다.

이처럼 박 교수의 수필은 인간에 대한 진지한 성찰이 있고 자연 친화의 철학이 있고 해박한 지성이 있고, 그러면서도 문학적이고 시적인 감성과 상상력이 잔잔한 감동으로 다가오고 있다, 거기다가 정말 삼대에 걸친 기독교 신앙의 단단한 뿌리가 사랑과 소망의 줄기가 되고 잎이 되고 꽃이 되고 열매가 되어 더욱 수필문학의 세계를 풍성하게 하고 있다.

차 례

제2부 **자연과 함께 하는 삶**

제3부 **문학과 한반도**

제4부 **외유, 나가는 이유**

제1부
인간, 우리는 왜 사는가

인생

칼바람이 불어온다. '지구 온난화 현상으로 기후가 올라가서 추위를 모르겠다.'는 말이 무색할 정도로 바람은 차다. 옷깃을 세우고 산으로 올라 학교 교정을 향하여 뱅 돌아간다. 산 위에서 만나는 사람들의 표정은 사뭇 건강을 위해, 전사처럼 호흡하는 모습들이 무섭게 보인다. 아낙네들은 여성의 지위가 향상된 분위기를 보여주는 듯 하고, 앞으로 한국사회가 점점 선진사회가 되고 인류의 성반전(性反轉)을 향하여 가는 모습을 잘 보여준다. 남성이 인류의 역사에 지금까지 큰소리를 내고 여성을 억압하고 살아왔는데 선진사회로 갈수록 여성의 인권이 더 강조된다. 산에서 한국도 그렇다는 듯 아줌마의 웃음소리가 새소리보다 크다.

요즈음 산에서 드는 생각이 인생이 무엇인가라는 것이다. 인생(人生), 사람이 태어나는 것, 사람이 사는 것이 인생이라는 말뜻인데, 이 말은 사람이 사는 삶의 모든 과정을 다 보여주는 것은 아니다. 인간(人間), 사람의 사이라는 말은 무엇인가. 사람이 서로 의지하며 살아가는 존재들이 바로 사람이라는 말에서 인간이라는 말이 나온 것이다. 사이 간(間) 자(字)에는 틈이라는 말뜻이 있다.

인간은 무엇인가 틈이 있고 빈틈이 있어야 사귈 맘이 생기고 인간관계가 형성된다는 것이리라. 인간이 살아가면서 겪는 온갖 경험들, 살아가면서 드는 생각들, 생존하기 위해 해야 하는 피치 못할 일들에 인간은 상처를 받게 되면서 마음의 병에서 육신의 병으로 죽어가는 것이다.

누군가 한 말이 생각난다. "먹물이 지워지지 않는 것처럼, 살면서 당한 상처도 지어지지 않는다." 인생을 살면서 상대에게 상처를 주지 않고 살 수 있을까. 가능한 인격수양을 많이 하고 자기 마음을 잘 다스리는 훈련을 하면 상대적으로 그 실수를 줄이며 원한(怨恨) 관계를 줄일 수 있을 것이다. 상대에게 상처를 주지 않고, 피해를 끼치지 않게 하는 방법을 배워야 할 것이고, 이해관계를 가진 사람들과의 삶에서 손해보고, 양보하는 훈련을 배워야 할 것이다. 그것이 인생을 잘 살아가는 비결이 아닐까. 명심보감을 보지 않고, 잠언을 들추지 않아도 깨우치는 도(道)는 어른들의 덕담에서 비롯되지 않는가. 그래도 우리는 성현의 말에 귀를 기울이고, 사랑하는 아내, 남편과 친구의 말을 들어야 인생의 길을 편안하게 갈 것이다.

인생은 모두 정도의 차이가 있지만 겪어야 할 과정들을 다 경험하는가 보다. 신앙과 종교를 가지면 어려운 일을 피해갈 수 있고, 불행을 덜 당하며 살아갈 수 있을 것이다. 하지만 생로병사의 굴레는 피할 수 없고, 인간이 겪는 기본적인 일들, 애경사, 죽음의 일들은 언젠가 맞이해야 하는 것이리라. 많은 사람들이 가정이 깨져서 자녀들이 마음고생을 많이 하고 살아가는 모습을 본다. 한국은 이혼율이 높아서 결손 가정이 많은 것을 주위에서 보게 된다. 이런 시대에 인생의 쓴 맛을 보고 사는 사람들을 위로하고 빛으로 인도하는 소금의 말을 한마디 던질 수 있으려면 그 과정의 어려움과 외로움을 체휼하며 그들에게 다가가는 날개 편 천사들이 있어야 하지 않는가 생각한다.

얼마 전 우리말 퀴즈 대회에서 우리말 달인 문제에 나온 문제가 있다. 휘갑이라는 단어를 묻는 문제이었다. "뒤섞여 어지러운 일을 마무름. 제기된 문제를 해명하거나 얽힌 일을 잘 처리함." 그런데 문제 푸는 출연자는 '해결'이라는 비슷한 말로 대답하는 것이었다. 묻는 답이 휘갑이라는 단어였기 때문에 틀린 것이다. 달인이 되는 마지막 문제에서 안타깝게 탈락하는 순간이었다. 상금도 대폭 줄어드는 것이었다. 2천 3백만 원가량에서 2-3백만 원으로 떨어져 받아야 되는 상황이었다. 휘갑이라는 단어를 푸는 젊은 여청년의 공부 과정과 결과, 앞으로 살아가야 하는 여러 과정에서 인생의 휘갑을 쳐야하는 모습이 인생 선배로서 순간 스치는 생각이 들었다.

산을 내려와 교정에 들어서면서 우리 사회의 떨어진 사도(師道)에 대한 비애(悲哀)감이 들어 한숨 깊이 들이쉬었다. 한 목회자 모임에서 회장이 되려고 가난한 농촌 목회지에서 생활하시는 나이 든 목회자님을 재치고 젊은 사람들이 무리를 져서 자신들의 편의 회장후보를 당선시키는 모습을 보면서 안타까웠다. 그만 선생이라고 그것의 문제점에 대하여 한 마디 한 것이 정치적 의도를 가진 말로 들리고 본 말이 희석(稀釋)되는 것을 보면서 안타까운 마음이 들었다. 아, 사도가 떨어졌구나. 학교에서 이미 체벌이 금지되면서 선생을 고발하는 상태에 이르고 교육이 많은 문제를 앓게 된 시대가 되었다는 데에서 이구동성이다. 이 사회와 교육기관에서 사도를 세우는 일이 무엇일까. 인생의 많은 과정에서 순리를 배우며 인생 가치를 세상 물질과 출세, 성공의 논리에 두지 않고 나눔과 봉사, 섬김과 평화에 두는 사회 분위기와 환경이 될 때에 가르침의 도는 자연히 서는 것이 아닐까. 자녀교육에 멍든 사람들, 부모 공경이 사라지는 세대, 좋은 유교적 가치관이 사라지는 사회에서 늙어간다는 것은 비극이라는 생각이 떨쳐지지 않는다.

황혼의 과정에서 마지막 불꽃을 피우려는 몸부림의 군상(群像)들이 안쓰럽게 보이는 것은 바로 인생의 낙엽이 아름답게 보이지 않고 슬프게 보이는 사람들에게 인생은 그래도 살만하며, 신의 뜻대로 움직이는 것이라고, 인샬라, 회교도의 단어를 꺼내지 않고 햇볕이 드는 우장산을 향하여 까치가 전해주는 기쁜 소식을 안고 종종 걸음으로 집으로 향한다.

인연(因緣)

옷깃만 스쳐도 전생에 만난 인연이 있다고 한다. '만남'이라는 노래에서처럼 "우리의 만남은 우연이 아니고 그것은 우리의 바램이었소."

주위의 가까운 분들에게서 참 묘한 인연을 본다. 어떻게 저런 관계가 있을 수 있을까 의아한 생각을 갖게 한다. 어떻게 저렇듯 질긴 인연의 고리가 계속 이어지고 있을까. 서로 피하고 싶어 인연의 끈을 끊고자 애를 쓰지만 오히려 더 얽히고 설 킨 관계가 되는 것을 본다.

우리가 끊고자 애를 써보지만 인연의 질긴 끈은 우리를 계속 묶고 묶어서 또 다시 만나고 살게 한다. 눈에 보고 싶지 않지만 어디선가 나를 얽매어 들어온다. 보고 싶지 않지만 보고 살아야 하는 대상, 형제간 직장 동료 사이, 공동체 식구들이 그들이다.

인연(因緣)이라는 말은 불교적 색채가 강한 용어로서 인간관계의 원인과 결과, 그 규칙을 이른다. 사전적 의미로서 내력(history), 연분(karma connection), 결과를 얻을 직접 원인과 그 인(因)으로 말미암아 얻을 간접적인 힘, 일체의 중생은 인과 연에 의하여 생멸(生滅)한다고 한다. 기독교에서는 섭리(攝理, providence)나 예정(豫定, predestination) 이라는 말을 사용한다. 하나님의 섭리 가운데 인간의 만남, 생사화복의 운명이 정해진다. 그래서 사람이 만나고 헤어지고, 다시 만나는 것은 하나님의 뜻 가운데 있다는 것이다. 회교도들이 모든 일을 인샬라(알라의 뜻대로)로 돌리는 것이 바로 그런 이유에서 일 것이다.

어떤 만남이 불행한 만남으로 끝났다면 그것은 그만한 이유가 있고, 하나님의 뜻이 있다. 하나님의 뜻대로 살았다면 좋은 만남이 이루어졌고, 만남은 좋은 결과로 이어질 수 있다. '칼빈'이라는 종교 개혁가는 예정론을 주장하는데 인간의 만남에 적용할 수 있다. 구원 받을 인간을 하나님이 미리 예정하시고 선택하였다고 한다. 물론 구원 받지 못할 사람도 정해 놓았다는 이론이다. 이는 성경에서 만세전에 모든 일을 예정하였다는 말씀에 근거한 주장이다. 하지만 이 주장은 모든 사람들에게 구원의 희망을 주지 못하기에 신학자 '칼바르트'는 이중예정설로 다시 새롭게 해석하였다. 만세전에 구원과 선택을 예정했지만 누구든지 예수를 구주로 영접하면 영생을 얻는다고 주장한다.

섭리와 예정, 인연과 전생(前生), 만남과 행복, 다시 곰곰이 생각해보자.

친구의 살아가는 이야기를 들으며, 그의 묘한 인연보다도 내 인간관계 속에서 맺어진 특별한 인연은 어떤가. 아직도 용서하지 못한 사람이 있는가. 아직도 원망의 대상이 되고 있는 사람이 있는가. 아직도 원한이 사무쳐 복수의 칼날을 갈고 있는가.

한 여인이 악연(惡緣)을 끊고자 불교에 귀의하여 비구니가 되어 절에 들어갔다. 그녀는 돈이 많아 절을 짓고, 많은 불교 성상을 만들기도 하였다. 하지만 마음속에 원한은 사라지지 않고 그녀의 인생을 계속 좇았다. 그래서 복수의 날을 기다리면서 인생 75세를 살고 있다. 지금도 정정해서 사업을 확장하고 있고, 카랑카랑한 목소리로 원수진 가문이 몰락하기만 기다리며 살고 있다.

어떤 인연이기에, 그녀는 용서할 수 없을까. 정치적 관계로 한 가문이 쓰러진 것이다. 몰락한 장성 집안이었다. 그래도 돈은 정부에서 많이 주어서 부자이지만 명예가 땅에 떨어진 것이다. 국사범으로 남편이 국립묘지에 묻히지 못해서 자신이 지은 절 사당에 유해를 안치해놓고 있다. 명예 회복할 날을 기다리며 남편의 원혼을 달래며 원수의 집안이 넘어지기만을 기원하며 살아가는 인생이 되었다.

이러한 악연도 예정된 것이고 하나님의 섭리인가. 전생에 두 집안이 어떤 관계에 있었기에 이런 인연을 맺는가. 불행한 만남이 없어야 했는데, 안 좋은 인간관계를 맺고, 그 한은 인생 전체를 통하여 계속 이어지고 있으니, 이 악연을 어떻게 끊을 수 있을까. 세계 종교들은 각각 자신들의 교리에 맞춰 그 답을 이야기한다. 불교는 자신이 해탈해야 한다고 말하고, 도교는 자연에 순응하며 질서에 맞춰 살아야 한다고 말할 것이다. 기독교는 예수를 믿고 십자가의 삶으로 용서하라고 말할 것이다. 종교가 말하는 것은 논리적으로는 다 설득력이 있다. 무엇이 생명으로 인도하며 참된 평안을 주는 가가 중요하다.

십자가로 악연을 끊는 것. 십자가만이 이 질긴 인연을 해결할 수 있다. 원수 갚는 일은 하나님께 달렸다고 성경을 말한다. 인연의 억센 끈이 우리를 괴롭힐지라도 그 운명과 싸워 이겨야 한다. 저주와 죽음의 만남을 십자가에서 생명과 구원의 인연으로 바꿀 수 있어야 한다. 좋은 인연으로 만드는 길은 예수에게 있다. 그가 생각하고 행동하고 살았던 방식으로 사랑하며 살면 악연의 고리는 끊어질 수 있다고 기독교는 본다.

손양원 목사라는 평양신학교 1회 졸업생 성자가 그 좋은 예이다. 악연으로 만난 양자 손인신, 그는 공산당원으로 좌익계 학생으로서 여순 반란 사건 때 손목사의 두 아들 동인과 동신을 죽였다. 하지만 손 목사는 그 원수를 죽이려는 사형장에서 자신이 그 원수의 아버지가 될 터이니 살려 달라고 해서 극적으로 생명을 건지었다. 원수를 용서하고 구원하여 오늘날 목사가 되었다는 실제 이야기가 있다.

우리는 어떤 인연으로 사람들을 만나고 헤어지고 있는가. 보고 싶지 않은 사람들을 만나면서 어떤 생각을 하고 있는가. 햇볕이 비치는 천국의 집 빌라에서 오늘도 좋은 인연으로 사람을 만나기를 바라며, 또 좋은 인연을 만들 생각을 하고 겨울의 뜨락을 나선다.

신앙 사대(四代)

춘하추동, 사계절의 변화에 따라 바람은 각기 다르게 분다. 찬 바람이 매섭게 느껴지는 듯 하더니 어느덧 따뜻한 봄바람이 불어온다. 겨우내 움 추렸던 가슴을 펼 수 있도록 햇볕이 따사롭다. 대지가 녹아서 땅은 냉이와 달래를 내놓고 개나리와 진달래, 철쭉이 곧 꽃망울을 피울 것이다.

오늘 나는 축복의 자리에 서서 살아가고 있다. 신학교수로서 구약 성경을 가르치는 직업을 가지고 매 수업 시간마다 찬송 부르고 기도하며 즐겁게 강의하고 학생들과 호흡하며 생활한다. 내가 어떻게 이 거룩한 선지(先知)동산의 강단에 서서 하나님 말씀을 가르치는 자리에 설 수 있을까. 하나님의 은혜가 아니면 불가능하다. 부모님과 조부님의 기도의 힘이 오늘 나를 이곳까지 오게 하지 않았는가.

수업 시간에 창세기 이야기를 들려주면서 아브라함 가(家), 신앙 명문(名門)으로 성경책에 기록되고 있음을 밝힌다. 한 가문이 신앙 사대(四代)가 될 때야 비로소 명문가정이 될 것이다. 아브라함, 이삭, 야곱, 요셉이라는 사대가 이루어 놓은 신앙 세계, 신앙 사대를 통하여 하나님은 한 가문을 세워 이스라엘 민족의 역사를 시작하셨다. 하나님의 섭리와 경륜이 한 신앙인을 선택하고 그 자녀들을 돌보고 보살피고 인도하심으로 신앙 위인(偉人)들을 만드신다. 이스라엘의 족장사(史)는 바로 아브라함 가문의 이야기(창세기 12-50장)이다. 한 가문이 이스라엘의 민족의 근원이 되고, 그 선구자 아브라함이 그 대부(代父)가 되었으니, 가문의 영광은 창사(倉史), 구속사(救贖史)에 빛나고 있다.

우리 집도 아브라함 가처럼 사대를 이루고 있다. 할아버지, 할머니가 처음 신앙생활을 하였고, 조부가 아버지를 전도자(목사)로 만들기 위해 신학교에 보내셨다. 아버지가 군대에 가서 군인 생활로 정년퇴직하여, 나중에 내가 성직자의 길을 가게 되니 결국 조부님의 기도가 이루어지게 된 셈이다. 나도 아들을 낳아 신학교에 보냈다. 그가 앞으로 선교사로 가기를 기도하며 요셉과 같은 아들이 되기를 기대하고 있다. 이처럼 사대의 신앙 가문을 형성하게 되었다. 삼대(代)인 나는 야곱의 역할을 해야 하지 않은가 자문(自問)할 때가 많다. 물론 우리들 중에서 사대의 신앙 유산 중 본 받을 점을 많이 이루어, 주님이 기뻐하시는 신앙인 되면 더 좋을 것이다.

학생들에게 이렇게 질문한다. “여러분들은 몇 대째 예수를 믿는가?” 만약에 여러분이 처음 예수를 믿는다면 여러분은 첫 아브라함의 신앙으로 선구자적인 역할을 해야 하리라. 아브라함은 갈대아 우르를 떠나 하란으로 갔다가, 다시 팔레스틴의 가나안 땅으로 내려가서, 애굽 땅까지 내려간다. 그 후에 다시 헤브론 땅으로 순례하며 살았다. 그 유랑의 삶을 통하여 아브라함이 밟은 땅은 바로 성서의 세계 땅에, 후손들이 누릴 성지(聖地)가 되었다. 그는 자손들이 살아갈 땅을 먼저 밟으며 후손들이 펼칠 세계를 열어주었다. 아브라함이 만복의 근원이 되어 후손들이 받을 복을 기업과 유산으로 물려주었다.

온유했던 이삭은 어떠했는가. 그는 화평한 사람으로 싸우지 않고 늘 양보하며 살았던 조용한 성품의 사람이었다. 그는 하나님과 아버지에게 순종한 사람이었다. 사람들이 이삭을 좋아하는 이유는 무엇일까, 예수의 성품이 이삭을 닮았다고 한다. 신앙 2대(代)에서는 이삭의 삶이 요구된다. 삼대(代)에는 야곱의 삶, 그는 이스라엘이라는 이름을 얻고, 이스라엘 12지파의 아버지가 된다. 그는 축복을 받기 위해 쟁취하는 인생을 살면서 가지가지 많은 우여 곡절을 겪고 파란 만장한 삶을 산 사람이다. 야곱에게서 이스라엘이라는 국가의 이름이 나올 정도였으니 이스라엘 사람들이 그에게서 인간성의 한 모델을 보고 있다. 팥죽 한 그릇에 형 에서로부터 장자권을 사고, 아버지 이삭에게 고기 요리를 가지고 가서 축복권을 얻어내는 야곱, 삼촌 라반에게 짐승 세끼 종자 약속을 통하여 재산 축적을 하고 귀향하다 얍복 강가에서 천사와 씨름을 하고 그의 형 에서를 만나는 이야기는 감동의 드라마이다. 형제간 극적 화해를 이루기 때문이다. 야곱의 인생을 통하여 우리도 파란곡절(波瀾曲折)의 인생을 살고 있다고 고백할 수 있을 것이다.

요셉은 사대(代) 가문의 역사를 끝맺는 인물이다. 그는 애굽 땅으로 팔려가서 꿈꾸는 사람으로 자수성가하여 국무총리까지 이른 인물이다. 신앙 가문 사대에 이르러야 비로서 선교사를 배출하게 된다고 본다. 사세대의 신앙은 사랑의 결실을 통하여 다른 나라에 가서 문화가 다른 사람들에게 복음을 전할 수 있는 선교 역량을 가질 수 있게 된다. 정 사대 신앙 가문이 되지 않더라도 내 안에 사대의 신앙을 가질 수 있다면, 산을 옮길 만한 겨자씨 한 알 만한 믿음이라도 있다면 하나님의 거대한 역사의 물줄기에 동참할 수 있을 것이다.

창세기는 바로 톨레도트(Tholedoth)라는 말로 이야기 단위들을 이어간다. 이 말은 우리 개역 성경에 대(代), 족보(族譜), 계보(系譜), 세대(世代), 대략이라는 말로 번역되었다. 다시 말해 이야기들이 대를 이어 커다란 성경의 역사들을 말하고 있는 것이다. 오늘 나에게 주신 주님의 사명, 분여(分與)를 잘 헤아려 선조들이 걸었던 믿음의 길을 꿋꿋이 걸어가자. 이 저녁에 별들이 빛나는 하늘을 아브람이 바라보는 눈으로 바라본다.

동작동 생활

밤새 여름비가 나무에 부딪치며 시원하게 내린다. 더위가 한층 기승을 부리는 시기, 이 비는 삼복더위를 식혀준다. 묵동(墨洞)에서 살다가 동작동(銅雀洞)으로 이사 온지 오 개월이 되었다. 소위 강북 생활에서 강남 같지 않은 강남 생활을 하게 되었다. 동작동 국립묘지가 있는 뒷산, 이수 교차로가 있고 반포와 방배동, 사당동, 흑석동이 붙어 있는 동네로 이사한 것이다. 동작 초등학교와 동작 중학교가 같이 붙어 있는, 산자락에 위치한 단독 주택 2층 집으로 옮겨 갔다. 결혼한 지 20년 만에 부모님으로부터 경제적으로 독립하여 이사한 것이라 아내에게는 뜻 깊은 이주가 되었다. 누군가 이곳으로의 이사가 강남 같지 않은 곳으로 옮긴 것이라고 말할지 모르겠다. 서울 강남에서 산이 가까이 있고 나무가 있는 이 집을 보았을 때 놀랐고, 더욱이 넓은 공간으로 이사할 수 있어서 너무나 기뻤다.

묵동은 강북의 중랑구에 위치해 봉화산이 있고 배 밭과 좋은 구립 도서관이 있어서 떠나기 싫은 동네였다. 태릉 중학교의 넓은 운동장이 있어 조기 축구회에 속하여 사람들과 함께 공을 찰 수 있어서 아주 좋았다. 묵동은 옛날에 먹을 만드는 곳이라는 말에서 보듯, 공부하고 연구하기 좋은 학자들이 사는 동네라고 생각하고 살았다. 이사한 동작동(銅雀洞)은 동과 같은, 아니 금과 같이 귀한 상상의 새, 붕정만리(鵬程萬里)의 동작 새가 우짖는 동네, 동작새가 날아드는 살기 좋은 곳이리라. 이곳은 산이 있고 앞으로 한강이 보이는 명당이다. 그래서 국립묘지가 이곳에 위치하고 있지 않은가. 강이 흐르고 산이 있고 새들이 모여드는 마을이다.

봉화산은 북쪽에 묘지가 다섯 개 있는데 아담한 산소가 죽음을 아름답게 느끼게 하고 초연하게 바라볼 수 있게 한다. 그런데 이곳 동작동에 있는 국립묘지는 병사들이 보호하기 위해 벽돌을 내 키보다 더 높게 쌓아 올려 산등성이를 둘러쳐 있다. 그래서 그 벽으로 인해 등산하기에 너무도 비좁고 딱 막혀 있어 3·8선 철책을 따라 걷는 느낌을 받는다. 그 벽은 그 묘지에 묻힌 장엄한 죽음을 바라볼 수 도 없어 답답하게 한다. 그 거룩한 죽음이 장벽 넘어 있는 것처럼 나와는 멀리 있는 생소한 것으로 여기게 한다. 생사가 나누어져 있지 않고 항상 우리 곁에 있는 것처럼 생각하게 하면 얼마나 좋을까. 외국의 공동묘지가 거리의 중심, 공원에 있는 것처럼, 그렇게 하면 주검을 보며 생명을 생각하고 살아가지 않을까. 산을 오를 때마다 이 돌 장벽을 걷었으면 하는 바램을 갖는다. 나라를 위해 몸을 바친 아름다운 주검이 있는 동작동 국립묘지를 바라 볼 수 있는 날이 오기를 기대한다.

동작동에서는 생사(生死)의 문제를 많이 생각하게 한다. 자연의 이치를 생각하게 하고 인생을 깊이 있게 생각하게 해서 강남에 있는 동네이지만 강북에 있는 묵동의 산을 생각하게 한다. 서울의 강남은 부와 문명이 있는 도시와 같고 강북은 고도(古都)와 자연의 풍광이 많이 있는 정감이 있는 도시처럼 느껴진다. 물론 꼭 강남이라고 자연적인 명소가 없는 것은 아니지만, 그렇다고 강북에 중심가에 복잡한 도시 문화와 빌딩이 없는 것은 아니지만 대체로 강남과 강북의 이미지는 문명과 자연, 강남은 상대적으로 높은 부로 인해 높은 교육열과 발달된 물질문화가 있는 곳, 그리고 강북은 재래적인 문화와 인사동과 같은 오랜 문화가 있는 곳이란 생각을 한다. 나는 변두리 사람으로, 회색 지대에 있는 사람처럼 강남과 강북을, 동작대교를 중심으로 한강의 다리들을 오가며 강남에서 강북으로, 문명을 찾아 강남으로 갔다가 자연과 인정을 찾아 강북으로 왔다가, 시장을 보러 강북으로 가며 좋은 병원을 찾아선 강남으로 간다. 어느새 문명과 자연을 오가는 존재가 되는 것은 아닌가.

강남 쪽에서 느끼는 것은 무엇보다 거대한 기계와 발달된 바벨탑 문명을 보는 것 같아 다가가기가 쉽지 않다. 강남에서는 산부인과 병원을 찾기가 쉽지 않다. 한국의 여인들이 아이를 갖지 않은 경향이 높아 가는데 그 중에 서울의 강남에서는 더욱 앞선다. 그래서 매년 유아 10만 명이 감소된다고 한다. 그 좋은 예로 강남 지역의 초등학교가 매년 한 두 개씩 폐교되고 있다. 반면 교육 후원의 질은 높아지고 있는 줄 모르겠지만. 서초 구청에서는 세입 재정이 넘쳐서 초등학교에 수 억 원을 지원하여 반포 초등학교 운동장에 인조 잔디 축구장을 지어 준 것을 보았다. 다른 학교에도 지원하여 모두 인조 잔디 구장을 만들 것이라는 소식을 들었다. 강북 지역에서는 이런 일을 찾기 힘들 것이다.

한 여름 날에 집에서 매미 소리 듣는다. 쓰르르, 맴맴, 매미는 귀청이 찢어지게 울어댄다. 한 낮에도 나무 높은 곳에 있는 수컷 매미는 짝짓기를 위해 온 힘을 다해 울어 된다. 낮은 곳에 있는 암컷은 아무 소리도 내지 않고 건강하고 목청 좋은 수컷의 소리를 주의 깊게 듣는다. 평균 2주간의 수명을 가진 매미, 그것들은 소리 내고 듣는 행위, 울어야 하는 수컷의 처절함과 좋은 짝을 맞으려는 암컷의 경청을 통하여 좋은 수컷을 분별하여 자연 번식을 한다. 이 매미의 생식 세계를 통하여 강남 사람들이 외치는 소리를 연상하게 된다. 그들은 도시 문명에서 벗어나 자연의 안식과 평화를 달라고 외친다. 그 소리는 물질이 아닌 진정한 자유와 자연이 주는 안식과 사랑이다.

이 동작동 산에서, 묵동의 낮은 곳에서 건강하고 빛나는 수컷 매미 소리를 듣고 있을 강북의 매미를 생각한다. 강남은 생명을 달라고 외친다. 강북의 사람들은 건강한 사람들을 찾고 있다. 강남 사람들과 강북 사람들이 모두 울창한 여름의 산과 나무에 둘러싸여 생명을 잉태하려는 매미의 소리를 듣게 될 날을 기대한다. 이상 기온 현상인지 계속 여름 날씨가 뜨겁고 저녁에는 열대야 현상이 계속되고 있는 서울에서, 콘크리트 빌딩과 아파트에서 잠 못 이루는 사람들에게 시원한 사랑의 매미 소리가 울려 퍼지며 물질 만능 풍조로 팽배한 사람들이 자연의 소리를 듣고 다시 생명이 있는 자연으로 돌아가기를. 장자(莊子)의 만 리를 날아가는 붕(鵬)이 같은 동작새들이 산으로 찾아들어 깃을 접고 있는 곳으로 이 밤에 발길을 옮긴다.

축구 예찬

봄비가 여름비처럼 온종일 내린다. 누군가 나에게 이러한 질문을 하였다. "당신이 제일 행복한 때가 언제인가, 무엇을 할 때 제일 행복한가?" 공부할 때 제일 행복하다고 말하려다가 다시 생각해보니 공 찰 때가 제일 행복했다. 내가 어린 시절 풍납동에서 살 때부터 공차기를 시작하였다. 삼촌이 공차기를 좋아해서 자연히 한 집에서 살며 축구를 좋아하게 되었다. 동네에서 친구들과 형들과 흔히 놀던 게 축구였다.

집 뒤뜰에는 넓은 호박밭이 있어서 농사짓지 않는 늦가을과 겨울에는 울퉁불퉁한 넓은 운동장이 축구장이 되었다. 변변한 축구공이 없어서 여러 형태의 공들을 만들어 정신없이 차고 놀면 그만 기분이 좋았다. 땀이 많이 나는 이 운동을 하면 밥맛도 좋았고 키가 크는 것 같고 어른이 되는 것 같아서 좋았다. 초등학교에서도 제일 재미있는 시간이 체육 시간이었다. 공차기를 좋아하는 데서부터 시작한 운동의 결과는 체육 활동과 체력과 운동, 건강은 늘 청신호 상태였다.

초등학교 방학은 가장 즐거운 때였다. 방학해서 아버지의 근무지인 군대가 있는 전방에 가면 그곳에서 공차는 사람들을 발견하고 같이 쉽게 어울릴 수 있었다. 이 운동은 친교의 수단이 되기도 하고 친화력을 가진 경기가 되어 나의 고마운 사귐의 매체가 되니 자연 축구는 나의 친구가 되었다. 축구는 사교성을 향상시켰고 다른 곳에 적응하고 사람을 알도록 하였다. 넓은 운동장에서 공을 차다보면 골대와 상대 편 사람들과 우리 편 사람들을 보게 되고 빈 공간을 활용하는 실력이 필요하여 자연 넓은 시야를 갖게 된다.

축구를 좋아하다 보니 공차는 실력이 더욱 향상되어 오래 달리기에서도 기량을 나타내 좋은 성적을 받게 되었다. 고등학교에 진학해서는 교내 체육 대회에서 우리 반이 우승하자 서울 동북고등학교 축구부에서 스카우트를 제의하였다. 그러나 전문인으로서의 축구 선수의 꿈은 가지지 않아서 공부로 대학에 가겠다고 거절하였다. 그 후 육사에 입학하면서 센터 포드에 기용될 수 있었는데 자퇴하는 바람에 큰 운동장에 설 행운을 잃어버렸다. 그것은 우리 시대의 가장 컸던, 동대문운동장에서 뛸 수 있는 기회가 상실된 것이다. 축구 선수로서 발탁될 수 있는 기회와 전문가의 길보다 취미로 정한 축구 인생이 더 좋아 보였다.

일반적인 축구 세계보다 사람의 특징과 인생철학을 연구하는 축구가 되었다. 자기 혼자 잘 난 체 하며 공을 차는 사람과 다른 사람을 배려하며 전체 팀을 생각하며 운동하는 사람을 살필 수 있다. 경기를 이기도록 결정적인 기여를 하면서 좋은 활동을 하고 있는지 공을 찰 때마다 묻게 된다. 또 축구 그 자체보다 더 사람들을 좋아하고 직접 운동장에 나서서 사람들과 어울리는 것을 더 좋아한 것이었다. 그러다가 교회에서 성도들과 함께 하는 축구 경기를 좋아하게 되었다. 종교와 진리, 인생과 영혼에 대한 문제를 생각하면서 축구도 사색을 해야 했고 신앙인들과 함께 해야 했다.

나이 들어 배가 나오고 마땅한 운동이 필요할 때 찾는 것이 조기 축구였다. 주일에는 몇 번 참여하며 유니폼을 입고 공을 차보기도 하였지만 개척 교회를 열다보니 그럴 수 없는 상태가 되었다. 등산으로 채울 수 없는, 축구만이 갖는 독특한 운동의 성격을 그리워하였다. 그러다가 우리 대학교에서 기숙사 학생들이 아침에 공을 차는 것을 보고 일찍 학교에 가서 젊은 학생들과 어울리기도 한다. 또 교직원 축구 시합이 열려 참여하면서 사귐을 갖기도 한다. 공을 찰 수 있는 기회가 되면 항상 참여하여 같이 어울리게 된다. 축구는 내 인생의 활력소이다. 내 인생의 근원처럼 일상의 온갖 더러운 찌꺼기와 억압을 해소하는 출구이다. 운동장에서 고함치고 소리 지를 수 있어 좋다. 그러면 자기 정화가 되고 행복한 기분을 느끼게 한다.

공격수에서 수비수로서 축구의 위치(포지션)가 바뀐 것을 보며 인생의 전환을 생각한다. 나이 들어가며 축구 가치관도 달라진다. 공격하며 골을 넣는 재미를 좋아하던 어린 청년 시절보다는 이제는 뒤에서 골을 넣도록 도와주는 것을 더 좋아한다. 내 플레이보다는 남의 플레이에 신경을 쓰고 땀 흘리는 자체를 즐기게 된다. 하지만 마음에 비해 몸이 따라주질 않고 체력이 떨어지는 것을 보며 세월이 흐른다는 것을 느끼게 된다. 나이 들고 바빠진 40대 초반에 다시 옛날 어린 시절 하루 종일 밖에서 땀 흘리며 놀던 건강한, 때를 기억하며 그 시절로 돌아가고 싶다. 비가 많이 내려서 물이 빠져있을까 생각하며 운동장으로 조기 축구회에 문을 두드린다. 목감기와 코감기가 걸려서 토요일 하루 종일 집안에서 몸살을 앓고 있었지만 다음날 아침 일찍 공 차러 간다는 기대감으로 벌써 감기는 달아나고 있었다. '누가 공 차러 나올까?'

교육과 매미

가을, 하늘은 높고 말이 살찌는 계절이라고 한다. 하늘이 청명하고 맑아서 높고, 말이 살찌니 어느 곳이든 놀러가고 싶은 시절이라 천고마비(天高馬肥)라 하였나 보다. 자연은 식물의 결실을 주어 사람들에게 풍요로움을 선물로 주었다. 하지만 그 탐스러운 열매를 맺고 나서 자신은 초라한 상태가 되니 가을은 그 쓸쓸함을 느끼게 한다. 황금물결을 이룬 들판의 벼이삭이 다시 황량한 대지로 바뀔 것이다. 시시각각 바뀌는 자연의 이치를 인간의 삶과 비교하면 교육이라는 과정이 결실로 가는 길을 인도하고 그 이후는 성인이 된 아이가 또 자신의 후손을 교육하는 과정이 연속되는 것은 아닐까.

교육은 인간을 성숙하게 하는 일이다. 인간이 인간답게 되는 것이 바로 교육을 통하여 가능하다. 그래서 칸트가 말하기를 '인간은 교육적 동물이다.'라고 했다. 인간은 교육을 받은 대로 행하는 존재이다. 이 말은 교육이 인간을 만든다는 것이다. 다시 말해 사람이 어떠한 교육을 받았느냐 하는 것이 그 사람의 인격과 사람 됨됨이를 결정한다고 말할 수 있다. 어떠한 인간상을 갖느냐

하는 것은 어떠한 교육을 받게 했느냐 하는 것과 일맥상통하다. 그래서 사람들은 자녀를 교육시키기 위해 갖은 노력을 다한다. 특히 한국 사람들의 교육열은 유명하다. 맹모 삼천지교(孟母 三遷之敎)라는 말과 '말은 제주도로 보내고 사람은 한양으로 보내라는 말'처럼 한국 사람은 자녀교육을 위해 여러 번 이사를 다니고 유학을 보내고자 애를 쓴다. 그래서 미국과 유럽으로 자녀를 유학 보내기 위해 부부가 떨어져 사는 기러기 아빠, 엄마가 생기고, 학교에 치마 바람은 늘 거세게 분다. 이 모두가 아들 딸 잘 키우자는 교육열에서 비롯된 것이다.

어떠한 인간, 어떠한 사람을 만드냐 하는 것은 시대마다 숙제였다. 인류 역사상 인간이 끊임없이 이상적인 인간상을 추구하여 교육의 목표로 삼았다. 오늘의 바람직한 교육은 무엇이며 어떠한 사람이 이 사회에서 인정받고 각광을 받는가.

교육(敎育)이라는 말의 뜻을 살펴보며 교육의 바른 의미를 생각해보자. 국어사전에 교육이란 1) 가르쳐 지능을 기르거나 지식, 교양, 품성 등을 바르게 갖게 하기 위하여 이끌어서 선량하게 하는 일, 2) 개인 또는 특정한 기관이 일정한 이상 또는 가치를 지향하여 미성숙한 아이나 청년을 지도하여, 사회의 유지와 전진을 위하여 하는 의식적 활동, 3) 개인의 전체적인 인간 형성의 사회적 과정이라고 밝히고 있다. 다시 말하면 온전한 인간을 만들기 위해 교육하는 것, 국가와 민족을 위하여 민주 시민으로 교육하는 것, 개인과 전체를 위한 바람직한 인간상을 만들기 위한 사회적 과정화의 교육이라는 것이다. 이러한 의미에서 교육은 한 인간이면서 전체 공동체를 이끌 전체의 인간을 위한 작업이다. 개인과 사회, 개인과 공동체, 개인과 민족과 국가라는 대상을 염두에 두고 교육 목표를 달성하고자 하는 이상과 철학이 있는 것이다. 따라서 오늘날 해외 유학 열풍이나 조기 유학이라는 것은 그리 바람직하지 못한 현상이다. 한국의 상황을 이해하고 공감대를 형성하며 미래의 사회를 만들어갈 친구들을 교육 과정에서 찾아야 하기 때문이다. 장성하여 개인의 발전과 선진 문화를 더 배우기 위해 유학을 가는 것은 바람직하다. 그러나 무분별한 교육열과 조기 유학은 공동체 사회를 이해하고 만드는 데 도움이 되지 못한다.

나도 사랑하는 아들을 필리핀에 보낸 적이 있다. 8개월의 체류가 만족할 만큼의 효과를 거두지 못하여 아들은 유학을 포기하고 다시 고등학교에 복학하여 학교에 다니고 있다. 가시밭길을 거니는 것과 같이, 살얼음판을 걷는 느낌으로 자녀 교육에 노심초사하고 있다. 그래도 자녀를 직접 지켜보면서 어떻게 가르칠까 고민하고 있는 것이 전에 외국에 놔두었던 것보다 더 나은 것을 느낀다. 사랑의 대화를 나눌 수 있고 부족한 모습을 눈으로 보며 고칠 수 있기 때문이다. 개를 키우면서 주인의 교육에 따라 개의 반응이 다른 것을 본다. 주인이 관심을 가지고 가르치는 것에 따라 움직이는 것을 보고 개에게서 교육의 효과를 배우게 된다. 주인을 따르는 개의 속성과 자녀가 어떻게 다른가, 자녀는 더 오래 참고 기다리는 인내가 필요함을 깨닫게 된다.

가정에서부터 시작된 부모의 자녀 교육에서, 교육이 비로소 시작된다. 그래서 자녀 교육은 가장 중요한 부모의 몫이다. 이 기초 교육을 어떻게 잘 할 수 있을까. 동물 양육과 식물 재배에서 어떻게 인간 교육을 해야 할지를 배우게 된다. 물을 주고 먹이를 주는 것이 필요하듯이 자녀에게도 사랑과 관심을 주어야 함을 알게 된다.

교육은 백년대계(百年大計)라고 한다. 우리나라의 교육 정책이 매번 바뀌고 그로 인해 혼란이 거듭되고 있다. 공교육이 무너져 있고 교육 풍토는 점점 더 악화 일로에 있다. 교육 문제와 경제 문제는 해결 기미를 보이지 않는 미로에 있고 미궁에 빠져 있다. 그럼 정녕 교육 문제는 해결책이 없는가. 개미에게서 인간 공동체의 유지의 지혜를 배울 수 있다. 개미는 전체 구성원의 20%만 열심히 하고 나머지 80%은 태만하다는 것이다. 소수의 개미만이 노동에 참여하며 땀을 흘려 나머지 다수의 개미들을 먹여 살린다는 것이다. 노동의 현실에서 개미에게 공동체 유지의 비결을 배울 수 있는 것처럼 교육 현실에서 지혜를 배울 수 없는가.

나는 매미에게서 그 교육의 실마리는 찾을 수 있다고 생각한다. 매미는 땅 속에서 성충이 되기까지 3년을 기다려야 한다. 그러다가 땅 위에서 2주간을 살다가 짝을 짓고 죽는다. 나무에서 2주간 쓰르르르 쓰르르르, 맴맴 울어댄다. 이 울음 소리는 짝을 짓기 위한 처절한 구애(求愛)행위이다. 짝을 짓고 수놈은 먼저 죽고 암놈은 새끼를 낳고 운명을 다한다. 이렇듯 매미의 생의 목표는 짝짓기에 있는 것이다. 교육도 교육하는 사람과 교육받는 사람이 결정적인 만남으로 이루어진다. 그것은 매미 한 쌍이 어렵게 만나는 만남처럼 교육하는 사람과 교육받는 사람이 만날 수 있어야 한다. 이것은 바로 오늘날 대안 교육이나 영국 같은 도제 교육, 미국의 명문 사립학교, 국가에서 전폭적으로 지원하는 미 공립학교 제도 등에서 좋은 제도를 배울 수 있다. 따라서 우리도 좋은 만남의 효과를 줄 수 있는 제도를 만드는데 최선을 다하여야 할 것이다. 매미 소리가 가을을 재촉하고 있다. 매미 교육이 우리의 교육 현실에서 해결책을 줄 수 있는 가을의 지혜가 될 수 있다. 최상의 짝, 좋은 인격적 교육으로 좋은 교육하는 사람과 적성에 맞는 교육을 받을 수 있도록 교육받을 학생이 만나게 해야 한다. 이것은 학부모와 자녀가 울어대며 좋은 선생님을 찾을 수밖에 없는 것이다. 이 매미의 교육체제를 만들어 우리교육 현실을 조성하는 길이 가을의 풍성함을 찾는 길이다.

헬렌 켈러에게 설리번 선생님이 있었듯이 죽은 시인의 사회라는 영화에서 키팅 선생님을 만난 닐, 녹스, 토드 등의 7명의 학생들이 진정한 자아를 찾는 교육이 이루어질 수 있었다. 이러한 사도(師道)와 제자도가 이루어 질 수 있는 교육 환경이 조성될 수 있는 길을 개미와 매미에게서 이 가을에 찾아본다.

이제 경제협력개발기구(OECD)의 교육 개방 정책 요구에 한국의 교육 시장이 열리고 있다. 외국의 교육 기관이 우리나라에 들어와서 시장을 침식하게 될 것이다. 대학이 하나 둘 문을 닫는다. 정원 미달 사태가 난다고 난리가 났다. 지방 대학은 이미 문을 닫고 있다. 가을바람이 세차게 분다. 곧 겨울의 한파가 닥칠 것이다. 그래도 우리의 매미는 치열하게 울어대어 이상적 상대자를 찾아 공동체와 개인의 아름다운 인간과 공동체 상(象)을 만들어 갈 것이다. 아직은 여름에 끝에 있고 가을의 초입에 있지 않은가.

친구

여름을 마감하고 가을을 재촉하는 비가 내린다. 마지막 태풍 '송다'가 한반도를 그냥 스쳐 지나가기를 바라며 비를 바라본다. 이 비 지나면 알찬 곡식들이 탐스럽게 햇빛으로 붉고 누렇게 무르익으리라. 찬바람이 불고 아침저녁으로 찬 기운이 드니 문득 친구 생각이 든다. 상우, 승길이 어린 시절 단 짝이었던 친구가 생각 나더디 멀리 고국을 떠난 친구가 그리워진다.

나의 친구 편력은 특이하다. 새로 친구를 사귀기 좋아하는 성격으로 바뀌면서 시간의 변화에 따라 단짝 친구들이 생기었다. 중학교, 고등학교, 대학교, 대학원, 직장 동료 친구들이 때마다 한 명씩 생겨서 관계가 계속되었다. 가까이 지내던 친구들이 멀리 독일, 캐나다, 미국, 러시아로 떠나는 것을 보며 이상하게 생각하기도 하였다. 그래서 나도 한국을 언젠가 떠나는 것이 아닌가 생각하기도 하였다. 다시 돌아오는 친구들을 만나면서 보니 한국에 정착하기가 쉽지 않다는 것을 알게 된다. 그래서 외국의 친구 걱정을 한다.

오랜 친구들은 삶의 자리가 달라서 자주 만날 기회가 없어지니 자연히 잊어버리다가 가끔 한 번씩 생각난다. 어렵고 힘든 상황이 있는 것을 보면 달려가서 위로하고 싶은데...친구는 오랜 친구가 좋다는데 인생의 단짝으로 내 지친 마음이 여유를 얻고 웃음을 가졌던 시절, 그 때로 돌아가서 추억에 잠기기도 한다. 내 아내는 친구 사귀기를 좋아하지 않아 늘 한 친구, 그리고 여동생과 일상을 나누는 것을 보며 부럽기도 하다. 유일한 친구와 매일 만나는 친구 동생과 대화를 하며 사는 모습이 좋아 보이기도 하다.

생각이 바뀌고 삶의 자리가 달라지면 바뀌는 나의 친구들, 그리고 여전히 소식을 전하고 만나지만 바빠진 그들의 일상으로 공감대가 달라진 것을 보면 어색해지기도 한다. 하지만 만나면 다시 순수한 마음으로 돌아가 반갑고 기쁘다. 공자가 논어에서 배움과 친구의 방문과 토론에 대하여 말한 구절이 있다. 그 중에 친구가 찾아오면 반갑고 즐겁다고 말한다. "유붕자원방래 불역락호 (有朋自遠方來 不亦樂乎). 친구가 멀리서 찾아오면 즐겁지 아니한가." 공자가 가르치고 있는 친구의 방문은 학문과 배움을 말하고 있다. 서로 배움이 있는 친구의 만남과 방문은 즐겁다고 말하고 있다. 성현의 친구 이야기가 관계 지속의 지혜를 주는 듯하다.

우정은 영원하다고 예수도 말한다. 친구를 위하여 자기의 목숨을 내 주는 것은 이 세상에 이것보다 귀한 것이 없다고 말한다. 친구를 위하여 목숨을 내놓을 수 있어야 한다. 예수는 친구 인류, 우리들 친구를 위해 자신의 생명을 십자가에 기꺼이 내놓았다.

이러한 우정을 찾아 볼 수 있을까? 구약 성경에 요나단은 자신의 친구 다윗을 위해 생명을 내놓았다. 다윗은 요나단을 사랑하여 자식과 부모보다도 더 그 우정을 귀하게 여겼다. 요나단과 다윗을 생각하며 세례 요한과 예수를 생각해본다.

그리고 이 가을에 생명을 줄 친구를 생각하며, 나의 우정을 그리워하는 친구를 돌아보아야겠다. 알알이 맺혀 가는 저 볏 알처럼 햇곡식을 기다리며, 이제 추수를 기다리는 과일 열매처럼 친구의 우정을 영글게 해야 하지 않는가.

풍납동 사람들

강바람이 부는 마을, 서울 강동구 풍납동은 나의 정든 고향이다. 유유히 큰 한강 물이 흐르고 강바람이 불어와서 풍납동이라는 이름이 붙여졌다. 이곳에 1960년 대 부터 사람들이 모여 살기 시작하였다. 비를 피하기 위해 다리 밑에 살던 상경(上京)인들이 풍납동으로 이주해서 무허가촌을 이루게 되었다. 할아버지도 전라도 영암에서 상경하여 왕십리에 살다가 세끼 꼬는 일을 하시다가 실패하셔서 천호동 다리 밑으로 불가피하게 이사하셨다. 그러다가 나의 어린 시절 기억의 장소인 풍납동 집으로 옮기셨다. 이 동네에 살던 사람들이 여럿이 되었다. 가게를 하던 장군이네 집, 멀리 장사를 다니다가 가끔씩 돌아오는 정범이네 집, 우리 집 바로 옆집의 딸 많은 집, 나와 자주 실랑이를 벌이던 형 집, 좋아하던 동갑네기 여자 친구 집 등이 있다. 어린 시절 보낸 이 지역에서 삶은 행복하였다.

동심이 어려 있고 추억이 많이 서린 풍납동은 요즈음 많이 변해있었다. 사람들이 언덕으로 지나다녔기 때문에 황토색의 붉은 정상이었지만 이제는 잔디밭과 조그마한 문화재 산으로 위용을 뽐내며 바리케이드가 쳐있어서 문화재 관리 표시판과 함께 백제 토성으로 다닐 수 없게 되었다. 그 주위의 거리는 개발이 금지되어 옛날 도로 그대로 있어서 추억을 더듬기에는 안성맞춤이었다. 서울 거리, 강동구 지역에 발전되지 않은 땅이 남아 있다는 사실은 거의 기적과 같았다. 암사동 선사 주거지와 송파 올림픽 공원의 환경 조성을 위해 송파의 언덕과 산이 잘 보관되어 있고 과거보다 더 푸르게 된 것을 빼면 허허 벌판은 현대 도시의 빌딩 숲으로 변화되었다. 풍납동도 풍납 토성 문화재 복원 사업으로 옛날 거리가 한두 거리만 그대로 남아 있고 그 외는 많이 변했다. 옛날 생각을 더듬기 위해 그 지역을 두 세 차례 방문하였다. 처음 방문할 때 놀라운 사실을 발견하게 되었다. 고모부가 그 동네의 그 거리에 그대로 남아 사시고 있었다. 미장이나 건축 일을 하시며 살아서 인지 오늘 집처럼 상품화된 건축을 하시지 않고 옛날 식의 집을 혼자서 짓고 그곳에 살고 있었다. 한 집만 아니라 옆집도 누구의 집인지 고모부의 집과 똑같은 집 모양이었다. 모두들 이 마을을 떠났어도 그분은 유일한 남은 자가 되었고 옛날 집 모습 그대로 재건축하여 고집스러움을 보여주셨다.

다른 사람들은 어디로 갔을까. 30-40년의 세월의 변화를 추측하며 과거에 한번 우연히 들러서 보았던 일과 더불어 상상의 날개를 펼쳤다. 어떤 사람들은 아이들 공부시키러 그 당시 8학군 강북으로 이사 갔고, 건축 청부업을 하는 아저씨는 더 좋은 집을 지어서 이주했고, 다른 사람들은 재건축의 붐에 이끌리어 집을 짓고 팔아서 새 지역으로 옮겨갔을 것이다. 세월은 사람들을 흩어지게 하는가 보다. 세월이 지나도 사람들이 잊혀 지지 않는 것은 추억과 동심이 살아있기 때문이다. 나와 같이 어린 시절을 그리워하는 사람과 그 마을을 동경하는 사람들은 다시 찾았을 것이다. 그들이 각기 다른 시간에 왔더라도 그곳에 발길이 머물었고 그 공간에서 숨을 쉬었을 테니까. 만약 조물주가 되어 시간의 차이를 없애고 비디오테이프를 빨리 되감기를 하면 어느 순간 만나게 될 것이 아닌가, 아니면 만나지 못하고 있던 장면을 끊고 억지로 만날 수 있도록 테이프를 잘라서 편집하면 그리운 얼굴을 상면하게 되지 않을까. 하지만 보고 싶은 얼굴, 가슴속에 남겨 두어서 마음으로 영원히 보라고 하늘은 테이프 감기를 포기하고 편집 작업도 포기하고 있는 것 같다.

그 때의 풍납동에 살던 나의 동네 사람들은 아직도 서울 어느 곳에서, 아니 한국의 어디에서 이곳을 그리워하고 있겠지. 고집쟁이 철부지였던 나도 기억해주고 만나고 싶어 할 거야. 풍납동의 바람은 아직도 한강에서 불어온다.

아파트 유감

하늘은 맑고 말이 살찌는 계절이다. 산은 나를 오라고 재촉한다. 내가 사는 집 동네에 있는 봉화산에 오른다. 정상에 올라 바라보는 경치가 멋있고 유쾌하지만 늘 그런 것만은 아니다. 그건 장마철 뒤에 솟아나는 대나무 순처럼 여기저기에 우뚝우뚝 들어서는 아파트 때문이다.

나도 한때 아파트에서 산 적이 있었다. 의정부 호원동에 있는 건영아파트에 살 땐 도봉산과 수락산이 바로 눈앞에 있어서 좋았다. 그 당시에 각박한 젊은 날을 보내느라 아파트 생활에 대한 이렇다 할 생각은 별로 하지 못 했다. 다만 15층으로 엘리베이터를 타고 올라 다니며 베란다의 화분을 보면서 땅 냄새에 대한 그리움만 쌓여갔다. 그리고 내가 호흡기와 코가 나쁜 건 고층 아파트에 살아서 그런가 보다는 생각을 하곤 하였다. 하지만 아파트가 주는 편리함, 뜨거운 물이 잘 나오고 새 건물이라는 것과 주위 경관이 좋다는 것에 위안을 받으며 살았다. 그러다가 단독 주택으로 이사하게 되었다. 땅이 있고 꽃도 심을 수 있고, 흙냄새를 맡을 수 있는, 지금 사는 집으로.

그런데 아파트가 투기의 대상이 되자 우리 집 앞거리의 풍경이 차츰 변해 갔다. 단독 주택이 이제는 빌라 촌이 되어 나무가 사라지고 꽃 냄새가 없어지게 되었다. 단독 주택이 아파트로 바뀌어 자연 환경이나 여유 있는 생활공간은 뒷전으로 밀려나고 경제성만 따지는 건축 문화와 생활 문화에 그만 질식할 지경에 이르렀다. 이렇게 가다가는 서울 시내 주택가가 콘크리트 건물만이 남아 시멘트가 우리에게 손짓하는 세상이 되어 가는 것은 아닌가 하는 위기감마저 든다. 일률적인 콘크리트 벽 속에서 살 생각을 하니 삭막한 느낌이 엄습한다.

유럽, 북미 지역에 주거 문화를 보고 온 사람들이 많고 또 도시 계획가들이나 관리들도 보았을 텐데 왜 자연 불화적인 도시 공간을 만들어 가고 있는지 모를 일이다. 그곳에는 잔디가 있고 나무들이 들어선 거리, 단독 주택의 여유로운 공간, 멋과 전통이 어우러진 다양한 건축들이 있지 않는가. 우리도 이제 옛날의 초가집을 재현하여 민속촌과 같은 건축 문화를 현대화하여 멋있는 가옥을 만들어 세계화시킬 수 없을까 하는 엉뚱한 생각조차 해본다. 새로운 8학군 지대에는 이러한 전통 가옥 형태가 있고 풀과 나무, 새들이 지저귀는 마을로 만들 수 없을까.

이제 서울을 비롯한 도시의 풍광이 달라질 수는 없는 걸까. 아파트촌이 그만 생기고 전통가옥형태의 집들이 많이 나타나기를 기대해본다. 산에 올라가서 바라보는 세상이 아름다워지기를 바라며 유심히 아파트 사이의 집들을 다시 살펴본다.

순철이 형

가을바람이 솔솔 불어오더니 저녁에는 제법 쌀쌀하다. 추운 바람이 불어오니 따뜻한 인정과 그리운 사람이 떠오른다. 세월은 흘러도 인정은 남고 추억은 기억의 잔상에 맺혀서 새록새록 피어오르는가 보다. 순철이 형, 그는 나의 멀고 먼 이웃사촌 형이다. 얼마 전부터 생각나기 시작하더니 오늘 아침은 더욱 그리워진다. 그는 가끔씩 내 생각의 끝에 자리 잡고 있다가 언뜻 생각나면 한 번 만나보고 싶은 감정을 솟구치게 하고는 일상생활 속에 묻혀서 사라진다. 구름이 모였다 흩어지는 것처럼 그렇게 여러 차례 불러보게 되는 그리운 이름이다.

순철이 형은 어머님의 먼 외가친척 관계이었나 보다. 친척 족보를 따져보진 않았고 그 형이 다만 초등학교 6학년 때 풍납동 집에서 같이 살면서 공부를 가르쳐 주었기 때문이다. 내가 오늘날 분필 가루를 마시며 먹고살게 된 것도 다 그 형 덕분이라고 생각한다. 학교에서 늘 꼴등을 독차지하고 있던 나의 공부의 시작이 이 때부터 시작되었기 때문이다. 아버지가 군인이라 전방을 전전긍긍하시며 돌아다니실 때 자식 교육은 안정되게 서울에서 시킨다고 할아버지, 할머니, 고모, 삼촌 등 가족 밑에 맡기었다. 보릿고개 시절이었기 때문에 온 식구들이 한 집 두 방에서 살며 식구 여섯 명이 같이 지내야 했었다. 그래도 어머님이 한 달에 한번 나를 찾아오는 기다림 속에 살던 재미가 있었다. 어린 나는 동네에서 고집쟁이에 버릇없고 천덕꾸러기 노릇을 많이 하였던 것 같다. 이런 나에게 공부는 항상 뒷전에 있었고 학습 능력은 자연히 떨어져 갔고 구구단도 모를 정도로 까막눈이 되어 있었다.

하늘은 나를 버리지 않으셨는지 아버님이 육사로 전근되어 오시더니 풍납동 집으로 이사 오시어 나는 부모와 함께 살게 되었다. 어머님은 한심한 아들의 실력을 늘 안타까워하시다가 대학 시험을 보러 올라 온 순철이 형을 붙잡아 아들 과외 선생을 시킬 겸 하숙집 제공도 하였다. 나는 처음으로 보는 멋있는 형의 모습에 경외감이 들었고 매도 무서웠지만 형이 좋아서 내주는 숙제를 꼬박꼬박하면서 공부에 취미를 가지게 되었다. 학습에 큰 진보를 이루게 한 것은 동갑 네기 짝사랑의 과외 공부 때문이었다. 중학교에 진학하자 집 앞에 사는 같은 반 친구, 마음으로 짝 사랑하고 있던 여자아이와 공부시키겠다고 하셨다. 초등학교 육 학년 때 더 좋은 학교로 공부시키겠다고 전학 간 두 학급만 있는 사립학교에서 같은 반 친구를 만나게 되었다. 그녀를 학교에서만난 것만이라도 감지덕지한 일이었는데 과외 공부를 같이 시키겠다는 어머니의 말은, 놀랍게도 대환영. 나의 마음에 탄성을 지르게 하였다. 그래서 그 후 빡빡 깍은 머리를 긁적긁적 이며 속내를 보이지 않고 뒤지지 않으려고 자존심을 세우며 공부하던 것이 오늘날 공부 직업을 가진 배경이 되지 않았나 생각한다.

오늘 아들이 동갑 네기 과외 선생을 맞아 처음으로 공부한다고 신나 한다. 중학교 이 학년부터 고등학교 이 학년까지 일 년간 휴학해서, 오 년 간 전혀 책을 붙잡고 있지 않는 아들놈이 내 경우가 될 수 있을지 은근히 기대해 본다. 어쩌면 이 놈이 나를 닮아서 그런가. 순철이 형이 아니라 반 친구가 나의 선생이 되었구나 생각하니 웃음이 살며시 내 입가에 퍼진다. 순철이 형과 그녀는 이제 동시에 어린 동심의 세계에서 늘 만나는 사람이 되어 있다. 내가 누군가에게 순철이 형과 같은 존재가 되었는가 생각하면서 미래가 없었던 나와 내 아들과 같은 사람들의 얼굴을 떠오르며 그들의 거처와 안부를 생각하며 따뜻한 구들방으로 자리를 옮긴다.

가족이란 나무

어느덧 오 월 가정의 날을 향하여 화창한 봄날이 오고 있는 소리가 들린다. 겨우내 얼었던 땅을 해빙하려는 듯 봄비가 촉촉이 내리고 있다. 젊은 사람들은 꿈을 좇아 살기 바쁘고 일에 쫓겨 살아가는 모습들이다. 나의 일상도 여느 사람과 다르지 않게 바쁘게 살아왔다. 그러다보니 가정을 돌보지 못하였고 자녀들의 성품이 바르게 하며 자랄 수 있는 기회를 주지 못했다. 돌이켜 보면 가정을 소중히 여기며 살아오지 못한 것이 후회가 되고 있다.

가장은 가정의 행복을 위해 투자하고 가꾸어야 한다. 그럴 때만이 아름다운 가정, 행복한 가정이 되는 것이다. 그리고 가장이 얼마나 애정을 가지고 식구들을 돌보고 관심을 가지고 자녀들과 대화를 하며 사랑을 표현하느냐에 따라 가정의 분위기는 달라진다.

가정의 사랑은 꽃이라기보다는 나무에 더 가깝다. 꽃은 한번 피고 지지만 나무는 계속 자라기 때문이다. 가정이란 나무는 사랑으로 자라고 열매를 맺는다. 사랑의 마음을 가질 때 가정이란 나무의 뿌리는 든든히 서고, 사랑의 대화가 무성할수록 나무 의 가지는 풍성하여 울창한 나무가 된다.

나의 가족은 사랑하는 아내와 고등하교 삼 학년이 된 아들과 고등학교 일 학년이 된 딸 아이, 그리고 나, 이렇게 네 식구다. 아들은 공부보다는 농구를 좋아한다. 내가 축구를 좋아해서 아들은 농구를 좋아하는지 모르겠다. 팔 개월 동안 필리핀에 다녀오게 되어 일 년을 휴학해서 복학생으로 학교를 다니고 있다. 그로 인해 마음 속 앓이를 많이 하고 있다. 딸은 예능에 소질이 있어서 국악 고등학교에 입학하였다. 딸은 해금을 연주하여 대학을 가려고 지금부터 준비하고 있다. 성실하고 착한 아이이다. 이해력이 뛰어나지 못하지만 열심히 공부하려고 노력한다. 살림을 잘하는 아내는 특이한 아들 때문에 기도하는 시간이 늘어만 가고 있다. 또 단순하여 가족에 대한 깊은 생각이 없이 살아가는 남편으로 인해 마음고생이 많은 것 같다.

넉넉한 사랑이 필요한 우리 가정은 가족 사랑의 기회를 가지려고 지난해 강화도로 여행을 떠났다. 이 박 삼 일의 일정 계획이 그만 여의치 못해 하루 일정으로 가게 되었지만 모처럼 만의 나들이로 가족의 일체감을 느끼게 되고 가족이 함께 인생의 배를 타고 간다는 생각을 가지게 하였다. 가족 여행은 가정에 대해 생각하고 서로 사랑하고 대화할 수 있는 시간을 제공해서 아주 좋았다.

'가정이 천국'이라는 찬송가 가사도 있다. 가정에서 천국을 맛보지 못하면 세상 어느 곳에서 기쁨과 행복을 누리겠는가. 가화만사성이라고 하지 않는가. 가족이 화목하지 못하면 모든 일이

허사가 된다는 말일 것이다. 가족을 생각하고 가정을 생각하는 일만큼 중요한 것이 없다는 사실을 이제야 조금 깨달아가고 있다. 이제 꽁꽁 얼었던 마음의 동토가 봄비로 조금씩 녹아지는 것을 느낀다.

이제 사랑하는 기술을 하나씩 배워가야겠다고 생각하고 쓸데없는 나무 가지를 치려고 한다. 시기를 놓치지 않고 미완성품을 내놓지 않기 위해 마지막 혼신의 힘을 쏟아 내 아이들을, 좋은 품성과 인격을 갖춘 멋있는 성인으로 키우겠다고 결심한다. 그래서 오늘도 사랑의 물과 거름을 주려고 가족들을 향하여 웃으며 다가간다.

이상한 바람

찬바람이 부니 가을이다. 이제 좀 더 세찬 바람이 불어와 입동(立冬)을 알린다. 얼마 전 심한 운동이후에 생긴 병이 있는데 그 병이 통풍이다. 축구하는 것을 좋아하는데, 이 병을 앓고 난 후에 얼마간 공을 차지 못하여 안타깝고, 살고 있지만 살아있다는 생각이 들지 않을 정도였다.

처음 통풍(痛風)이 발병하자 학교 앞 한의원에 찾아갔다. 한의원에서 진찰한 결과 관절염이라고 하였다. 침을 맞지만 시원하지 않고 발이 하도 아파서 잘 아는 단골 한의원으로 찾아갔다. 그랬더니 그 장로님 의원은 통풍성 관절염이라고 하며 침을 놓고 피를 한 움큼 뽑아내었다. 그러더니 한 달간 치료를 해야 한다며 한약을 두 첩이나 지어야 한다고 하며 일방적으로 약을 지었다.

또 통풍으로 몹시 아파하니 부모님이 강권해서 다른 병원으로 데려갔다. 그 병원은 현대식 한의원, 시설을 잘 해놓은 젊은 한의사였다. 그는 통풍이라고 하며 옆에 소아과 의원에서 피 검사를 하라고 하면서 피 뽑는 침을 놓았다. 처음 당하는 통풍에 빨리 낫고자 병원을 전전긍긍 옮겨 다니면서 오히려 병을 키우는 격이 되었다. 통풍을 앓고 있는 절친한 형, 최 목사에게 찾아가서 병을 이야기 하니, 이것은 한의사에서 고칠 수 없는 병으로 양약으로 고쳐야 한다고 말하는 것이 아닌가. 자신이 오랫동안 고생하다가 찾은 좋은 병원에 가자고 하여 김철신 정형외과에 갔다. 주사를 맞고 약을 먹으니 빨리 좋아 지는 것이었다.

통풍, 아니 내가 왜 이런 병이 걸릴 수 있는가. 고기 많이 먹고 술을 많이 먹으면 생기는 병이라는 것이다. 요즈음 소위 통풍은 현대병이라는 것이다. 사람들이 육식을 많이 해서 생긴 병이라는 것이다. 먹고 살만하니 생긴 '고급 황제병'이라는 것이다. 단백질을 분해하는 요산이 많이 분출하여 생기는 병이라는 것. 퓨린의 대사 작용으로 생기는 최종 물질이 요산이라는 것. 그래서 음식 조절로 이 병을 고쳐야 한다는 것이다. 이 병 치료를 위해 퓨린이 들어가지 않은 음식들을 먹어야 한다. 안 먹어야 하는 음식이 육식 고기 전부(돼지고기, 소고기, 양고기 등), 새우, 고등어, 등푸른 생선들, 튀김 종류 등이다. 주로 채소와 야채를 먹어야만 하고 물을 많이 마셔야 한다는 것이다. 피가 탁해져서 생기는 병이라고 한다. 여성들은 한 달에 한 번씩 탁한 피를 걸러주기 때문에 걸리지 않은 병이다.

성경에 레위기에 정결한 음식과 부정한 음식, 피에 대한 강조가 나오는 데, 이것은 생명을 유지하고 인간이 건강하게 살 수 있는 길을 제시해 준 것이다. 앞으로 이 통풍과 싸워 이겨야 하는 과제가 내 인생에 주어졌다. 많은 사람들이 건강하게 살아가지만 대부분의 사람들은 병을 가지고 살아간다. 건강하게 살다가 갑자기 병이 발생하여 단명한 사람들이 있는가 하면 잦은 병으로 골골하게 살지만 더 오래 사는 사람들이 있는 것을 본다. 이 통풍이 발생하면 일 년 후에 다시 재발할 가능성이 있거나 완전히 사라지는 경우가 있다는데, 후자의 경우가 되어, 전화위복이 되어 더 건강하기를 소원한다. 채식을 해서 더 건강해 질 수 있는 가능성을 보니 여유 있는 마음이 된다. 호랑이가 뼈를 갉아 먹는 것처럼 아프던, 바람만 스쳐도 아프던 때의 고통은 사라지고, 더욱 운동장에서 날쌘 제비처럼 날아다니는 모습을 상상하니 기분이 상쾌해 진다. 결국 통풍을 이겨내야 하는 길은 음식 절제와 적당한 운동, 스트레스 방지 등이라는 사실을 알게 되니 자연 욕심이 사라진다. 마음을 다스려야 병을 다스릴 수 있다는 한의원의 족자가 생각난다.

병은 마음에서 온다고 하였다. 건강한 마음에 건강한 정신, 건강한 육체에 건강한 영혼으로 행복하게 살아갈 날을 생각하며 통풍의 아찔한 고통을 다시 겪지 않기를 바란다. 지난해처럼, 그리고 여느 해처럼 낙엽은 여전히 쌓이고 자연의 변화는 계속되고 있다.

아날로그 버스

바람이 속절없이 분다. 시대의 흐름도 빠르게 바뀌고 있다. 어느 가을 날, 급히 서두는 바람에 교통카드에 차비를 충전하지 않고 집을 나섰다. 현금을 찾아보니 2000원 뿐이었다. 1000원 차비를 내고 버스에 올라타서 서너 정거장을 지나 목적지를 가기 위해 입계 정거장에서 내렸다. 다시 다른 차를 바꿔 타야 했다. 그런데 현금을 가지고 버스를 타니 갈아 탈 때, 또 돈을 내야 하는 상황이 벌어진 것이다. 아, 이것이 어찌 된 일인가, 다시 1000원을 내고 하이웨이 주유소까지 타고 가면서 생각했다. 전자 카드에 돈이 있었더라면 900원이면 올 수 있었을 것을 2000원 내고 와야 하는 것이 못내 아쉽기만 느껴졌다. 옛날이어도 돈을 다 지불해야 하는 상황이었을 것이다. 오늘 전자 교통카드 시대에 살면서 준비하지 않아서 과다한 요금을 지불해야 하는 대가를 치렀다. 과거 같으면 사정이라도 해서 적절한 요금을 흥정하기도 할 텐데, 이제 그럴 수 없는 디지털 시대이다.

전자 시대에는 무정한 정보만이 우리를 지배하고, 그 정보에 따라 움직여야 하는 세태가 되었다. 아날로그 시대는 가난해도 정이 있고 풋풋한 인간 냄새가 있어서 좋았다. 요즈음 컴퓨터가 없으면 의사소통이 잘 안되고 대화가 통하지 않는 시대이다. 극장, 철도, 버스 승차를 위해 전자로 예약하는 시대가 되었고, 화폐가 없어도 카드로 결재하는 시대가 되어 편리한 맛은 있어도 정감이 없는 사회가 되었다. 돈을 가지고 승강이를 벌이는 일은 없어진 것 같다. 몇 푼 아끼자고 깎고, 외상값을 부치고 또 밀리는 재미는 없어졌다. 빠른 것이 편한 것을 제공하지만, 정과 인간미는 사라졌다. 끌고 당기고 밀리고 하는 몸짓도 없어졌다.

기계적으로 움직이는 시대가 인간을 생각 없는 사람으로 만들어 가고 있지는 않는가. 인간이 전산화 되어 영과 일의 숫자의 변환에 맞게 사는 단순한 존재들은 아닌가. 변화의 시대에 우리는 무엇을 좇아가고 있는지 모르고 그저 그 변화에 맞추어 살아가고 있는 상태가 되었다. 점점 옛것이 더 그리워지는 것은 무엇일까. 불편해도 인간미가 있고, 훈훈한 정이 있고 인정이 있는 사회를 더 기대하는 것은 왜일까. 앞으로 버스를 타러갈 때, 차장(버스 안내양)이 반겨주러 나오는 가 다시 봐야 할 것 같다. "오라이!" 하고 소리치는 누나의 소리에 따라 차가 출발하는지 살펴보아야 하리라. 찾아보고 또 찾아봐도 보이지 않으면 아날로그 버스가 지구에서 사라지지 않도록 하리라. 아프리카 오지에 가서라도 버스를 탈 것이다. 거기서도 디지털 시대를 바라는 사람들이 교통 카드를 만들려고 하면 만들지 말라고 외쳐볼 것이다. '아날로그가 좋아.'

인생 친구

나는 어렸을 때부터 친한 세 친구가 있다. 영희와 철수, 그리고 미숙이다. 그들과 함께 오랜 세월을 보냈다. 그들이 없으면 인생의 재미가 없고 사는 의미가 없다. 내가 인생무상을 느끼고 회의에 들 때 그들을 찾으면 친구들은 헛된 인생의 뜻을 알게 해주었고, 내가 지치고 힘들어 벗을 찾고 싶을 때 그들을 만나곤 하였다. 그들은 언제든지 나를 반겨주며 위로해 주었다. 친구 셋은 나의 영원한 벗이다.

철수는 그림을 좋아한다. 그는 매일 멋있는 장면을 찾아 여행을 떠난다. 좋은 그림 거리를 찾으면 거기서 멈추고 아름다운 광경을 담아내려고 자신의 그림 솜씨를 발휘하여 미적 세계를 펼친다. 하루하루는 세상이 보여주는 모습에 빠져서 사는 날이다. 일상은 계속 그의 호기심을 자극하고 만나는 사람들도 삶의 의미를 생각하게 한다. 철수는 사람들과의 만남에서, 매일 보는 사물 속에서 특별한 것을 찾는다. 그는 극적으로 사람들을 보게 되고, 그들과 함께 뜻있는 전경을 화폭에 담으려고 애를 쓴다. 하지만 알 수 없는 우연이 자신을 어디론가 몰아가는 것을 느끼며 자신을 잃고 헤맬 때도 많은 것을 고백한다. 철수는 또 다시 어느 순간 우연한 만남들이 아니었음을 알고 그들을 다시 떠올리고, 인생 그림 작업이 드라마틱한 것임을 깨닫는다. 원수는 외나무다리에서 만난다는 말을 떠올리기도 한다. 마주치는 공간과 사물들을 무심코 바라볼 수 없어 깊이 들여 볼수록 희한하게도 재미있고, 앞 장면과 뒷 장면이 연결되어 있고, 일들이 꼬리에 꼬리를 물고 이어지고 있었다.

영희는 철수와 친하다. 영희는 음악을 좋아한다. 그녀는 세상 소리에 늘 관심이 있어서 그 소리를 따라 살아간다. 아름다운 소리를 내려고 하고, 미음(美音)의 세계에 빠져 살아가며 그 소리를 들으려고 한다. 사람들이 하는 소리에 관심이 있고 세상이 떠들어대는 소리에도 관심이 있다. 사람들이 무슨 소리를 하는가 엿들으며 길을 떠난다. 그녀는 그곳에서 안식을 누릴 수 없어서 천상의 소리를 들으려고 애를 쓴다. 세상 소식도 그녀를 만족시키지 못한다. 그녀는 매일 하루의 끝 저녁에 하늘의 소리를 듣는 것을 제일 좋아한다. 하늘은 그녀의 하루 끝을 축복한다. 그녀는 침상에서 오늘 하루가 종말이라는 사실을 고백한다. 하루가 끝이다. 내일은 없다고 생각하고 열심히 들으려 한 하루의 일상은 뜻깊었다고 한다. 매일 하루하루가 끝이라는 소리를 듣고 사람들에게 그 사실을 알리려 하였다. 어떻게 하루 안에 인생의 종말이 있을까. 그녀는 그 소리가 알 수 없어서 고민하고 급기야 고뇌하다가 병이 나기도 하였다. 너무도 극적인 인생의 종말에 영희는 자신의 음악 인생이 덧없음을 깨달았다. 그래서 하늘 소리의 멋진 예술을 만들려고 최선을 다하며 살아간다. 영희는 미숙이에게 이 참 소리를 가르쳐 주려고 애를 쓴다.

미숙이는 아주 가까운 나의 친구다. 그녀는 사업을 한다. 어렸을 때부터 가정 형편이 어려워서인지 돈에 대한 관심이 많았다. 장사하는 것을 좋아하였고, 물건을 파는데 뛰어난 재주를 가졌다. 그녀는 늘 바빴고, 분주하게 일을 벌이며 사람들을 수 없이 만났다. 그녀를 만나기는 쉽지 않았다. 모처럼 그녀를 만나면 그녀가 하는 이야기는 너무 재미있고 흥미로워 밤새는 줄 모르고 웃고 떠들며 하루를 꼬박 새기도 하였다. 우리가 모이면 시간 가는 줄 모르고 세상 이야기 속에 빠져 들어가곤 하였다. 미숙이는 돈을 벌면 벌수록 행복한 것 같아 보이지 않았다. 우리를 만날 때만 유쾌한 모습이었다. 그녀는 손을 뗄 수 없는 현실을 안타깝게 생각하였다. 늘 일을 그만 두고 자연 속에 살며 농사를 짓고 싶어 하였다. 그녀는 다가오는 현실을 묵묵히 받아들이기도 하고, 어려운 일들을 담담히 헤쳐 나가며 어엿하게 살아가는 모습이 대견스럽기도 하였다. 그녀는 철수의 멋있게 극적으로 펼친그림을 보고, 영희의 아름답고 종말적인 소리를 들으면 힘을 얻었다. 그러면 나는 미숙이의 고뇌하는 실존을 보면서 정화된 용기를 얻는다.

나는 낙엽이 지는 가을 들녘으로 간다. 한적한 그곳에서 세 친구들이 전해주는 소식을 들으며 성숙한 열매를 맺기 위한 인생의 예술을 그린다. 한 멋진 삶을 연출하는 곳, 맨 끝에서 인생 드라마가 펼치는 황홀한 광경을 보이고 싶다. 님이시여, 우리를 받으소서!

사랑

사람은 사랑하며 사는 존재이다. 사람이란 말과 삶이라는 말은 일치한 듯 보인다. 사람이 산다는 말과 사랑하며 사는 삶이 언어적으로 일치한다. 삶, 사람, 사랑이라는 단어는 유사하게 보이고 소리도 비슷하다. 우리 언어는 삶의 영역, 살아가는 일과 그 삶의 주체인 사람과 분리시키지 않았고, 사람의 존재가 사랑하며 살아가는 존재라는 사실을 사랑이라는 말 속에 각인시킨 것은 아닌가 생각한다.

가을이 되었다. 독서의 계절이라 하고 천고마비의 계절이라 한다. 말이 살찌고 하늘은 맑고 높은 시절이 되어서 가만히 앉아 있기엔 왠지 안타깝다. 누군가를 사랑하는 일이 아가페의 차원에서 일어날 수 있을지 생각한다. 무조건적인 사랑, 종교에서 신의 사랑, 어머니의 사랑이 아가페의 사랑이라고 하면 이런 사랑을 나도 할 수 있을까 물어본다. 사랑하기엔 너무도 자신이 어리다. 그리고 상처가 많다. 아직 여유가 없다. 남에게 주기에는 나의 내적 양식이 적다. 누군가를 향하여 다가가기가 두렵다. 그래서 이 가을날 사랑의 언어를 주어 담는 일부터 해야겠다. 그래야 사랑할 수 있으리라.

사랑, 사(四)랑으로 보자. 사랑은 이랑, 고랑, 풍랑, 예랑이 아닐까. 사랑의 밭이랑을 만들어 아름다운 밭을 만들어가는 작업이 필요하다. 가정이라는 이랑을 곱게 만들어 그곳에 씨앗을 뿌려 결실의 계절에 알찬 사랑의 열매를 거둘 수 있어야 할 것이다. 이 사랑의 이랑은 고랑을 통해 자양분을 얻을 수 있다. 물이 흐르는 통로에서 가꾸는 식물에게 공급되어 꽃을 피우고 열매를 알알이 맺도록 고랑을 두어야 한다. 우리 사랑의 밭에는 고랑이 있어 가꾸고 물을 공급하는 사랑의 연결망과 기술이 필요하다. 이 사랑의 들판에는 우리의 사랑을 방해하는 풍랑이 존재한다. 이 풍랑은 포도원의 여우처럼 담을 헐고 사랑의 밭을 헤친다. 이 사랑의 방해 세력을 막고 사랑을 완성하고 꽃피우려고 우리는 풍랑을 막아야 한다. 이 장애극복은 깊은 사랑과 넓은 이해력, 높은 애정만이 이 풍랑의 벽을 넘어 설 수 있다. 또 예랑, 예수 사랑으로 인간 사랑의 문제를 해결할 수 있고, 이 사랑이 더 우아하고 고상한 사랑을 할 수 있게 한다.

찬바람이 불고 가을 햇볕이 강렬한 날, 코스모스 피고 해바라기가 손짓하는 날에 새로운 사랑의 언어를 가지고 밭으로 나가자. 풀들이 노래하고 사슴이 꼴을 먹는 언덕에서 종달새는 노래 부르고 비둘기는 유유히 평화를 이야기 한다. 행복의 물댄 동산으로 우리를 부르는 소리 듣고 사랑의 발걸음을 옮겨보자.

할머니

대지를 향해 겨울을 알리는 찬비는 내린다. 백합화도 코스모스도 아직 지지 않고 피고 있다. 하늘에는 농부의 마음을 알고 단비를 내렸는지 땅은 흡족한 표정이다.

얼마 전 부터 할머니 생각이 든다. 할머니가 언제 돌아가셨는지 정확히 기억이 나질 않는다. 10여년 지난 것 같다. 수원 작은 아버지 댁에서 소천하셔서 몸은 할아버지가 누워계신 곤지암 실촌 수양관 옆 양지녁으로 가셨다. 그 때는 가을이 지나가던 이때와 같은 계절이다. 할아버지의 기일(忌日)은 동짓날이라 추모예배를 드리면서 그 분을 기리는 데 할머니는 기억하고 기념하지 않는 것 같았다. 우리 아버지 마음속에 늘 살아 계셔서 특별히 기리지 않아서 일까. 우리는 잊고 살아가고 있는 것이다. 할머니의 존재가 얼마나 컸는지 알 수 있다. 우리 집 식구는 장남인 아버지와 동생 삼촌 두 분이 있고, 고모 세 분이 계시는데 둘째 고모는 일찍 이생과 이별하시었다. 이제는 이 분들을 결혼식이 있으면 뵐 수 있다. 할머니가 살아 계셨더라면 그곳에 가면 삼촌을 볼 수 있었다. 혹시 다시 오시면 온 식구들이 모여 함께 이야기

꽃이 필 수 있을 텐데.

할머니, 너무도 그리운 분이시다. 성품이 너무도 온유하시고 말이 없으신 분, 나에게는 친어머니와 같이 따뜻한 분이셨다. 어린 시절에 어머니처럼 나를 키우신 분이다. 나와 두 살 많은 작은 삼촌을 같이 키우면서 어려운 보릿고개를 넘던 시절에 먹을 것을 좀 더 손자에게 주면서 애정을 보이셨던 분이시다. 더욱이 신앙으로 나를 키우며 이 다음에 크면 꼭 주일학교 선생이 되라고 비전을 주셨던 할머니, 어디서 놀다 들어오면 막걸리를 연탄불에 끓여서 주셨던 할머니, 공차기를 좋아하는 손자가 눈 주위가 찢어져서 들어오면 천호동 병원까지 업고 1시간가량 마음 졸이며 걸어가서 보살펴주시던 할머니, 초등학교 시절부터 중학교 1학년까지 그렇게 할머니(할아버지), 삼촌 둘, 막내 고모와 함께 풍납토성 아래 살았다. 할아버지는 초등학교 2-3학년 때 돌아가신 것 같다. 부모님이 군인 생활하러 전방으로 전전긍긍 다니실 때 나를 키우신 엄마와 같은 할머니를 어찌 이리 그렇게 까맣게 잊고 살았을까.

마음의 고향이 나에게는 할머니이구나, 아 이제야. 할머니는 언제나 어떤 일이든 가능한 한 좀체 싸우시지 않으셨다. 동네에서 조용하게 살면서 야성이 너무 센, 사나운 손자를 거두기 위해 많은 욕을 먹어도 잠잠히 나를 데리고 오셨던 분이시다. 한 달에 한번 오는 엄마를 기다리는 그 때, 나는 황제가 되어 무례하게 삼촌과 고모에게 대하였다. 방자한 조카로서 또 망나니와 같이 행하며 동네의 개구쟁이로서 활개 쳤던 것이다. 얼마나 사람들은 나를 보고 참아주었을까. 부모가 집에 없으니 이해하자. 이 못난 손자를 키우랴. 사랑하는 자녀들을 거두랴. 병들어 누운 남편, 할아버지를 돌보느라 얼마나 마음고생이 컸으리라 생각이 든다. 하지만 순한 성품은 여전하셨고 어떤 일에도 아랑곳하지 않고 태산 같은 고난의 무게를 혼자 감내하면서 하나님 신앙을 가지고 늘 기도하며 이겨나가시었다. 항상 교회 가는 것을 빠지지 않으시던 교회의 어머니였다. 말년에는 수원에 있는 조그만 개척 교회에 다니시면서 교회당에 늘 나가셔서 기도하던 조모님을 목사님이 보시고, 권사로 임명하여 임종하실 때는 명예롭게 권사님으로 세상을 떠나시었다. 이는 신앙생활의 지속의 결과로서 아름다운 신앙의 기업을 남기신 것이었다.

풍납동에서 육사 아파트로 이사 가면서 부모님을 따라 교육받기 살기 위해 할머니를 떠났지만 그 후에 할머니는 둘째 삼촌을 따라 사시면서 천호동으로 송파, 수원으로 옮겨 다니셨다. 할머니, 이름만 불러도 당신이 살아나셔서, "우리 신배야" 하고 부르실 것 같다. 태어날 때 해남에서 태아를 받으셨을 외할머니는 보지 않고 자라서 정이 들지 않았다. 그래서 그리 크게 외할머니는 정감이 있지 않다. 하지만 이상례(李相禮) 할머니는 나의 어린 시절 모든 추억의 중심이다. 삶의 추억이 할머니에게 있다. 할머니는 우리 집안의 구심점이다. 이제 할머니를 기리며 흩어진 가족을 찾아야겠다. 더 이상 고향을 잃지 말자. 이제 온통 과거의 아름다운 추억에 쌓여 있다. 오늘은 할머니 생각에 동심으로 돌아갈 수 있었다. 조모님을 잊고 살게 하는 현실과 욕심거리들, 오늘

세속의 생각은 이제 여기까지 하자. 할머니 생각을 자주하자. 또 잊고 살 수 없기 때문이다.

"괜찮아, 신배야, 나는 언제나 살아있어 너를 보고 있으니, 교회 주일학교 선생이 되어 살아가라. 마음이 깨끗해야 어린이를 만날 수 있고 하늘나라를 볼 수 있단다. 이제 나가 놀아라. 해가 떨어지면 언제든지 돌아오너라." 귓전에 아직도 할머니의 음성이 쟁쟁하다. 웃음을 머금은 그 모습이 떠오르며 햇볕이 창가에 고즈넉하게 비추고 있다.

두 사람의 끝

비가 내린다. 역사의 족적을 지워버리려고 소낙비가 내린다. 한국 민주화에 크게 기여한 두 거인의 죽음을 알리는 부고 소식이 방송 매체와 지면을 통해 퍼지고 있다. 김대중과 김찬국, 두 거인이 잠드셨다. 큰 글자로 국장을 알리는 플래카드가 거리에 나붙어 있고 김대중 대통령의 서거를 애도한다고 나부낀다. 더불어 한 사람의 죽음은 조문하는 지인들이 말없이 세브란스 장례식장으로 몰리고 있다. 두 사람의 장례식은 너무나도 대조적으로 보인다고나 할까, 아니면 장례식의 규모의 차이가 있다고 할까, 죽음의 의미가 다르다고 할까, 무엇인가 생각하게 한다.

마치 영국 찰스 황태자비 다이애나비와 세기의 성녀 테레사의 죽음이 같은 날 발생하여 세인들의 관심을 주목받게 하였던 것을 생각나게 한다. 왜 대조적인 죽임인가. 두 여인의 삶의 여정이 달랐던 것을 우리는 안다. 한 여인은 왕실로 들어가서 정치가의 삶을 살았고, 나라의 국모라는 큰 짐을 지고 사랑과 명성, 가문과 전통의 무게에 눌려 몰래 사랑할 수밖에 없는 상태가 되었다. 그런 상태를 지속하다가 끝내 불운의 밀애 끝에 의문의 죽음을 맞이하게 되었다. 반면, 한 여인은 유고의 수녀원에서부터 인도의 캘커타 거리에 죽어가는 사람들을 위해 숭고한 봉사의 삶을 살면서 노벨 평화상의 수상자로서 세계에 알려지게 되었다. 인간의 아름다운 손길이 무엇이며, 진정 사랑의 화신(化神)이 무엇인지 가르쳐 준 성녀의 거룩한 죽음을 보여주었다. 그리고 세계의 모든 사람들의 이목의 대상이 되었던 것을 본다.

결국 이 두 여인의 끝에 대한 많은 생각들을 불러 일으켰고 나에게도 그 의미가 잔잔하게 파고들어 죽음의 의미를 깊이 생각하게 하였다. 여기서 오늘 한국 역사의 획을 그은 두 사람의 끝을 보면서 생각하지 않을 수 없는 질문이 있다. 왜 이 두 분도 이틀 차이의 장례식을 가지게 하였나. 동시에 교차하는 장례식을 대하면서, 의아한 생각이 꼬리를 잇고 있다. 한 분은 2009년 8월 17일 서거, 그리고 또 한 분은 8월 19일 오전 10시 돌아가심. 전직 대통령이라 국장으로 빈소를 국회에서 처음으로 모시고 6일장을 치루고 있고, 고(故)김찬국 교수님은 세브란스 병원에서 3일장을 치르고, 22일 창천감리교회에서 장례(발인)예배를 드리고 평범한 묘지로 간다. 군부 통치시절 사선(死線)을 여러 차례 넘기면서 오뚝이처럼 일어나서 대통령까지 올라 세계적인 인물로서 노벨 평화상을 받은 위인이 되었던 정치지도자, 통일의 길을 연 민족 지도자가 되었던 것이다. 한 분은 연세대 신과대 교수로서 학생의 인권을 대변하다가 그만 민청련 사건에 연루되어 옥고를 치렀고, 교수직을 해고당하여 야인으로 살았던 이 시대의 양심가였다. 신학 하는 사람들에게는 행동하는 신앙인이 무엇인지 보여준, 예언자와 제사장의 전통을 이은 성직자의 삶을 보여주었던 것이다.

한 분은 정치적으로 계속 주목을 받으며 죽음의 순간까지 영향력을 미치며 인동초(忍冬草)의 꽃을 피우고 마지막 낙엽이 되어 떨어졌던 것이다. 그러나 한 분은 오랜 지병으로 침묵하는 인생을 살면서 7-8년간 지내다가 하늘의 시간에 부름을 받고 숨을 거두신 것이다. 참으로 묘한 하늘의 이치이다. 늘 웃고 살면서, 인생이 무엇인지, 유머가 무엇인지, 신학 하는 것이 무엇인지, 성서의 예언자와 제사장이 어떻게 살아야 하는지 신학도(神學徒)에게 몸소 본을 보여주신 이 시대의 스승이었다. 나는 왜 국장이 치러지는 그 빈소에는 가지 못하고 내 스승이신 김찬국 교수님의 영정이 있는 곳에는 가게 되는가. 인격적 만남의 소리가 그곳으로 발걸음을 가게 하는 것이다. 여러 차례 사랑으로 나를 가르쳐주신 분이시다. 한글이 틀렸다고, 문장이 틀렸다고 전화해서 서너 차례 나를 부르신 분이시다. 인생을 살아가는 데는 입어야 할 옷이 있고, 안 입어야 할 옷이 있다며 잘 선택하며 살아라 하고 엄한 말을 아주 부드럽게 말씀하신 분이시다. 또 명절, 구정에 인사하러 두 차례에 찾아온 제자를 따뜻하게 맞이하며 지인들에게 소개하고 애정을 가지셨던 존경하는 분이시다. 한국의 내 노라는 인물들이 우리 스승님을 너무 좋아해서 각계각층의 인물들과 두루두루 소통하신 분이시다. 이 분은 천국의 대문을 맡으신 수문장으로서 이 시대의 나침반이 되신 스승이시었다. 마지막 순간을 보면서 나는 하늘이 무너지는 것을 느낀다.

앞으로 한국의 정신적, 영적 거목은 누구인지, 누구를 바라보고 따라가야 할지, “이 놈” 하고 한번 야단치시는 청천 벽력같은 소리라도 스승님이 말씀하시면, 다시 정신 차리고 열심히 스승의 뜻을 따르련만, 미천한 자는 감히 스승의 영정에 고개 숙이고 당신의 여호수아에게 인사하고 아내와 함께 돌아서서 집으로 오며 기도한다. 하지만 시대정신은 다시 부활할 것이고 통일의 날은 다가 올 것이다. 통일과 민주화의 길을 연 두 스승의 십자가 죽음을 바라보면서 사흘 후 부활의 날을 맞이하러 가야겠다. 나의 선생님이시여 편히 가소서. 당신의 제자들이 이 땅에서 당신의 비전을 이루어 갈 것입니다. 편히 가소서.

백양로

봄볕이 신촌 골로 찾아든다. 푸른 새들이 한반도 전역에서 신촌 백양로로 날아들더니 어느 시점에서 반 동강이 난다. 그래서 남한 지역 반쪽, 허리의 부분인 토끼 반도지역에서만 온다. 젊은 이들이 자유와 낭만, 진리와 학문을 위해 백양로(白楊路)를 향하여 오고 있다.

내가 백양로를 처음 본 적이 언제인가. 어린 시절 아버지의 근무지 전방을 향하여 버스를 타고 가던 길에서 보았다. 방학 때마다 천호동, 풍납동에서 철책선이 있는 군대가 있는 곳을 아버지를 따라 갔던 것이다. 갈 때 마다 이번에는 어디로 가나 유심히 버스길에서 전경을 보던 일이 생각난다. 70년 대 신촌 길이 머리에 떠오른다. 정문에서 백양로로 이어지는 쭉 뻗은 길이 떠오른다. 그 전경이 뇌리에서 떠나지 않았던지 고등학교 2학년 때 연세대를 가겠다고 캠퍼스를 방문하였고, 공부 실력이 되지 않아 육사에 입학하였다가 자퇴하고 신학교로 가서 화곡동에서 대학교를 나오게 되었던 것이다. 그 후에 바로 연세대 연합신학대학원에 입학하면서 1985년 3월에 백양로에 들어선 것이 연세대학교 교정을 밟은 역사적 순간이 된 것이다.

봄날에 연세대 교정은 아름다웠다. 언더우드 상(像) 주위로 개나리와 진달래가 피고 철쭉이 피면 대학원 건물과 신학관 건물은 고색창연한 빛을 내었다. 선교사가 지은 건물에서는 옛날의 젊은이들이 진리를 탐구하는 모습이 생생하게 보이기도 하였다. 백양로는 연세대의 상징이다. 푸른 버드나무가 가을에 들어서면 샛노란 은행나무 빛에 가리지만 그 울창함과 멋을 뽐낸다. 현대 근대화를 주도한 연세의 젊음과 서양 문물을 수용하여 한국 문화를 선구적으로 이끈 연세의 학풍이 백양로와 더불어 빛을 발한다.

백양로에서 무수한 사색에 젖은 1985년, 86년은 격동의 세월이었다. 민주화 바람이 거세게 불어오던 때에 연세 버드나무는 최루탄에 몸살을 앓으며 연세의 지성인들을 감싸 안아야 하는 고통을 받아야 했다. 연신원 건물에서 신학공부를 한다고 한국의 기라성 같은 신학자들의 강의를 들으며 최루탄 가스가 불어오는 연기를 맡지 않으면 안 되었다. 졸업하고 결혼해서 생활의 전선이 옥죄면서 그 길을 떠나 살았다. 그러나 다시 백양로로 들어서려고 박사과정 시험을 응시하였다. 간간히 찾는 백양로는 낯선 길이 되었지만 1994년 3월은 반갑고 친근한 은행나무 길로 다가왔다. 백양로의 가로수는 은행나무였기 때문이기도 하다. 다시 찾은 캠퍼스에서 20대의 추억을 되찾으려고 젊음의 눈으로 돌아가려고 하지만 30대가 되어 있었다.

30대에 백양로는 나에게 많은 신학적 질문을 하게 하였다. 대학에서 가르치면서 학생으로 공부하는 이중적 삶, 교수이면서 학생인 생활이 7년 동안 지속되었고 백양로는 나에게 진리의 길이 멀고 어렵고 힘들다는 것을 가르쳐 주었다. 2001년 2월 백양나무는 이제는 이곳으로 그만 오라고 나를 떠밀었다. 그리고 박사 가운을 입혀 보낸 것이다. 40대가 돼서 다시 올 수 없으리라 생각하였는데 연세대학교에서 졸업생으로써 '성서와 기독교'라는 과목을 가르쳐 달라고 부른 것이다. 두 학기 동안 두 과목을 가르치면서 백양로가 다시 가까워졌다. 그 길 위에서 깊은 상념에 빠질 수 있는 계기가 되었고, 바쁘게 길을 가기만 하던 상태에서 다시 생각하며 길을 가고 있는 나를 볼 수 있게 되었다. 그리곤 다시 푸른 버드나무를 볼 수 없게 되었다.

백양로를 들어서려는 수많은 고등학생들의 몸부림은 커서 대학 입시의 전쟁을 치르면서 고통의 절규가 메아리치게 하였고, 연세대에 들어선 소수의 선택받은 학생들은 이미 힘이 소진하여 학문의 길을 자연스럽게 저버리고 낭만을 찾아 나서게 된다. 졸업장을 받고 사회 출세의 길을 들어서려는 삶으로 바뀌는 것을 자연스럽게 생각하는 세태가 되었다. 처음 선교사가 이 학교를 세운 설립정신은 간데없고, 일류 대학이라는 명패만 내세우는 학교로 전락하고 있으니 백양나무의 길이 은행나무 길로 바뀌는 순간을 맞이하게 되지 않았는지, 사시나무 과의 백양나무 꽃잎이 몸에 해로웠는지, 산에 있어서 울창한 버드나무 위용을 뽐내야 하는데, 신촌 골 근처로 내려와 몇 그루 남지 않는 상태가 되었는지 모른다.

이제 2009년 봄을 맞이하면서 풍류신학자 노교수님이 마지막 특강을 한다고 부르는 소리에 그 백양로 생각이 나서 캠퍼스를 찾아간다. 많은 건물들이 들어서고 신학관도 옮겨졌고, 새로운 빌딩 종합 신학관이 들어서서 과거의 고풍스럽고 정감 있는 모습은 사라졌다. 이제 이곳에서 한국의 신학을 어떻게 전개할 수 있을지 버드나무에게 다시 물어봐야 할 것 같다. 봄이 더 깊어가는 것을 바라보면서 백양로를 다시 찾아야겠다고 생각하며 봄날을 기다린다. 그 추억의 길을 빠져나오며 새로운 백양로를 모색하고 있다. 젊은 그대들이 몰려오는 길에서 나도 극단적인 이기주의를 벗어나려는 몸부림을 치는 나무의 소리를 듣고 새 자아를 찾아 떠나는 여행을 다시 시작해야겠다. 백양나무 숲으로 가서 순수한 외침과 메아리를 들어보아야 하겠다. 백양로야, 다시 노상(路上)에서 도반(道伴)들과 함께 나를 맞이해 다오.

제자

하얀 눈이 하늘로부터 지상의 모든 것을 덮으려고 펑펑 내린다. 무엇을 덮으려고 하는지, 하얀 눈꽃송이가 집을 짓는다. 100년 만의 폭설이라고 한다. 지구 온난화로 북극의 빙하가 녹으면서 북극권을 형성하고 있는 한기(寒氣)가 북극 인근 국가와 지대로 물러나면서 한파가 오고 지나친 눈 산맥이 여러 나라마다 산더미처럼 쌓인다.

이런 때에 그 눈이 덮인 산에서 골똘히 생각하게 되는 것이 있다. 그것은 제자에 대한 생각이다. 20여 년간 강단에 서서 히브리어를 가르치고 구약에 대한 강의를 하면서 신학생들, 대학생들과 만나고 이야기 한다. 시간이 흐르면서 강단에 서서 열정적으로 강의하던 때와 달리 젊은이들과 배움의 길을 같이 가던 것이 흐려지는 것을 본다. 젊음의 나이에 강단에서 서서 가르칠 수 있는 행운을 가진 것은 하늘의 뜻이었는지 모른다. 시간이 흐르면서 제자들을 아끼며 그들의 입장에서 생각하는 것이 변색되게 되었다.

제자(弟子)란 무엇인가. 학교나, 배움의 공동체에서 가르치고 배우는 관계에서 형성되는 말이다. 우리는 평생 무엇인가 배우면서 살아가는 존재이다. 평생 배우며 살아가는 존재이니 제자의 삶이 우리네 인생이라고 볼 수 있다. 스승의 날이 되면 어김없이 찾아주는 제자가 있었다. 10여 년간 빠짐없이 나를 찾아와서는 내 앞에서 스승의 노래를 부르며 카네이션을 달아주면서 올곧은 스승으로 살아달라는 당부를 하였던 것이다. 나만이 아닌 다른 동료 교수 한 분도 만나서는 동일하게 하는 것 같았다. 여러 번 반복되면서 어느 스승의 날엔가 나는 제자의 날이라고 명명하고 반대로 내가 먼저 제자를 찾기도 하였다. 그 제자로부터 받는 메시지는 스승답게 순수하게 신학도(神學道)를 추구하며 거룩의 세계를 잃지 말라는 당부라고 생각하였다.

성자(聖者)들은 훌륭한 제자들이 있다. 예수는 12제자가 있어서 그의 행적과 어록을 통하여 복음서라는 성서를 썼고, 부처는 제자들을 통해 팔만대장경이 나올 수 있도록 하였다. 공자는 자사나 맹자, 순자 등을 통해 유교사상을 발전시켰다. 소크라테스는 플라톤이나 아리스토텔레스를 통해 서양 철학의 기초를 다졌던 것이다. 학문은 훌륭한 학자들이 제자들을 잘 두어 자신의 학파를 형성하고 이론을 더 발전시키는 경우를 본다. 제자가 없다고 하면 학문의 발전을 이룰 수 없는 것이다.

교육을 하면서 깨달아지는 것은 제자는 쉽게 만들어지지 않는다는 사실이다. 내가 사랑하고 아끼고 섬기고 나누어 줄 때 그 제자가 나를 기억하고 함께 한다는 것이었다. 그동안 교육자로서 귀한 자리에 있다는 소명을 갖지 못하였던 것을 후회한다. 너무도 자리에 연연하고 공동체 안에서 자리 순서와 위치에 신경을 쓰면서 제자들을 생각하지 못한 것이 못내 안타깝게 생각된다. 학위취득과 논문에 열중하면서 제자의 어려움과 마음고생을 헤아리지 못한 것이 한탄스럽다. 주위 환경과 연관하여 인격체 그 자신으로 보지 못하고 판단하던 것이 문제를 오도한 나머지 잘못된 행동을 한 것은, 비교육자의 모습이라는 생각이 들었다.

이제 초중등교육자들이 피교육자들과 함께 동고동락하며 일상에서부터 교육하는 것을 본받아야 하겠다. 하나님의 형상을 닮아가도록 제자 교육을, 제자화 작업에 신경 써야 하겠다. 예수의 12제자를 만드는 일에 우선적 가치를 두고 심혈을 기울이고 물심양면으로 섬겨야 하겠다고 결심하게 된다. 제자의 발을 씻긴다는 것이 과연 나에게도 가능한가. 수당산 등성을 조심조심 걸으면서 눈 덮인 나무들, 하얀 세상을 바라본다. 이제 남은 삶은 제자의 것이라고 말하면서 제자도(弟子道)를 외친다. 예수의 제자이면서 그리스도의 제자를 만드는 숭고한 일을 맡은 것에 감사하면서 산을 내려온다.

동태눈

인생을 내다볼 수 있을까. 인간이 한 치 앞을 볼 수 있다면 행복하게 오래 살 수 있을 것이다. 어렸을 때부터 듣기 싫은 소리가 있었다. 엄마의 볼멘소리 중, "네 눈은 꼭 동태눈 같다는 말이었다." 흐리멍덩한 눈이 총기가 없다는 말인가. 생김새가 못났다는 것인가. 이 소리를 들으면 기분이 좋지 않았고, 못 생긴 눈이 문제가 있다는 생각이 들었다.

얼마 전 아들의 발 수술 후 어머니와 아들, 아내와 함께 식사를 하는 자리에서 외할아버지 이야기가 나오면서 동태눈의 비밀이 풀리기 시작하였다.

외할아버지의 자식 4남 5녀, 손자 손녀 중, 유일하게 눈에 총기가 있는 사람은 우리 어머니와 화가인 홍수 형이라는 것이었다. 그리고 동생 은배와 나에 대한 언급을 하였는데, 네가 눈빛이 좋으면 "앞으로 큰일을 해먹고 큰 자리에 앉을 것이라고" 말 한 것이었다. 이 말의 예언은 자라면서 나에게 동태눈의 총기 없음을 나무라는 것이 되었고, 못내 쓴 소리로 따가운 소리가 되어 경종을 울렸다.

동태눈을 어떻게 하라는 것인가. 장가를 가고 시간이 흘러서 까맣게 잊어버린 이 소리가 다시 생각이 났다. 그 눈빛, 말이다. 그래 어머니의 동태눈!

너의 동태 눈빛은 안 돼, 동태눈을 극복해야 너의 앞날이 열려!

외할아버지는 인품이 뛰어났다는 것이다. 자식들이 그 인품을 따라가지 못할 정도로 훌륭한 분이라는 것, 누이 하나가 있었는데 일찍 여의고, 홀로 되신 어머니 슬하에서 자라서 자수성가하여 부자가 되었고, 지혜가 많았다는 것이다. 용모와 인품이 좋아서 엄마는 그 아버지를 그리워하며 평소에 하신 말씀을 놓치지 않고 생각하며 살고 있는 것이다.

나는 그 외할버지의 화두, 총기를 가지고 눈빛을 살려야 한다는 말씀을 생각한다.

이는 인간이 독사에 물리면 동공이 풀리고 시력이 사라져서 볼 수 없고 금방 이 독이 퍼져 죽음을 맞이하는 것과 같다고 볼 수 있다. 시력이 상실된 순간 인간은 죽음을 향하여 가는 존재라는 것이다. 신앙적으로 영분별이 안 되면 죽음을 맞이하게 된다. 영적인 시력이 없어서 지혜롭게 살아가지 못하는 것과 매한가지이다. 영안(靈眼)이 띄어야 인생이 풀리는 것과 이치가 같다.

하나님의 지혜를 가져야 이 총기를 가지게 되고 잘 살 수 있다는 것과 같을 것이다. 어떻게 동태눈을 가지고 살 수 있을까. 뒤늦은 쓴 소리를 기억하고 옛날 어린 시절, 나를 보면 매번 그 말을 되 내이는 것이다. 그 잊히지 않는 소리가 되살아난다. 그 말의 배경에 외할아버지가 있었다는 사실을 알고 다시 한 번 놀라게 된다. 불과 갓난 아이, 서너 살 된 손자를 위해 평생 지혜의 말을 해 준 것이다. 반면교사(反面教師)의 가르침을 주신 것은 현인(賢人)의 금언이 아닌가 생각한다.

이제 찬바람이 불어온다. 인생의 회오리와 먹구름을 헤쳐가야 할 슬기와 지혜가 필요한 시대가 되었다. 어떻게 이 빛난 눈을 하고서, 총기를 잃지 않고 거친 세파를 헤쳐 나갈까. 하나님의 지혜와 명철을 가지고 감기지 않는 물고기 눈으로, 동태눈이라도 깨어서 하늘의 소리를 듣고, 인류의 스승들과 대화하며 평화를 노래해야 하겠다. 그 영원한 노래를 위해 잠시 눈을 감고 기도하면서 말이다.

자녀교육의 지혜

어느 민족이 가장 자녀교육에 대하여 뛰어난가. 유태인이 자녀교육에 가장 우수하다고 한다. 한국 사람도 유태인 이상으로 자녀교육이 뛰어나다는 것은 전 세계에 잘 알려진 사실이다. 그래서 국제 학교에서 최우수 학생들의 대열에 항상 끼어서 한국인의 두뇌가 월등하다는 사실을 입증하고 있다. 하지만 아직도 노벨 문학상이나 과학상 등은 아직 수상하고 있지 못해서 안타까운 상태이다.

한석봉의 어머니가 자녀 교육에 뛰어났던 것, 맹자의 어머니가 자녀를 위하여 이사를 세 번이나 다녔던 이야기, 이율곡의 어머니 심사임당이 자녀를 훌륭하게 키워 나라의 큰일을 하게 하였다는 이야기 등은 귀감이 된다. 근래에 음악가 정트리오(첼로, 피아노 지휘, 바이올린)를 키운 어머니와 골프 선수 박세리를 키운 아버지, 축구 선수 박지성을 키운 부모님이 화제가 되고 있다. 또 피겨 스케이팅 선수 김연아를 키운 부모님은 더 화제가 되고 있다. 성공한 한국인, 자랑스러운 한국인을 만드는 것도 중요하지만 우리는 이보다 더 나아가 하나님이 기뻐하는 자랑스러운 사람으로 키우는 것이 중요하다. 이것이 지혜로운 부모님이 되는 길이다.

성서는 잠언을 통하여 자녀 교육에 대한 좋은 교훈을 준다. "지혜로운 아들은 아비로 기쁘게 하거니와 미련한 아들은 어미의 근심이니라."(잠언10:1). 어떻게 자녀를 잘 교육시킬 것인가 가르치고 있다. 하나님의 지혜를 가질 수 있도록 성서 읽기와 기도하기, 찬양하기 등 신앙 교육하는 것이 중요하다.

자녀 교육에 성공한 부자지간은 일반적으로 아브라함과 이삭, 다윗과 솔로몬이라면, 실패한 부자지간은 엘리 제사장과 아들들이라고 볼 수 있다. 하나님을 어떻게 경외하느냐가 가장 중요한 판단기준이었다. 그래서 하나님을 경외(敬畏)하는 것이 지혜의 근본이라고 한다. 바울과 디모데 관계는 영적으로 자녀 양육의 지혜를 가르쳐주고 있어서, 자녀에게 너무 집착하면 자신의 영적 인생을 성공리에 살아가지 못하는 어리석음도 있음을 가르쳐 준다. 그래서 우리는 자녀 교육의 영적 차원과 영적 지도자로 자랄 수 있도록 성서 교육을 시키는 지혜로운 부모님이 되기를 바란다.

독서의 계절 가을에 얼마나 나의 자녀가 하나님의 마음을 기쁘게 하고 있는지 생각하면서 낙엽 지는 거리를 거닐며 진정한 자녀 사랑이 무엇인지 생각해 봐야겠다.

뮤즈의 평화

아름다운 세상을 만들고 즐기려는 사람들은 음악의 신선(神仙)이리라. 그들이 있어 이 땅에는 살만한 여유를 가지게 하고 기쁨을 누리며 평화의 소리가 울려 퍼지는 것이다. 얼마 전 아는 전도사의 소개로 악기를 가르치는 선생님, 최 선생님을 소개받았다. 그는 딸 둘이 있고 의정부에서 살면서 악기를 가르치며 자신의 제자들을 모아 교회에서 연주회를 갖기도 하였다. 모든 악기를 칠 수 있는 최승준 선생은 지휘자가 되는 것이 꿈이었는데 인생의 굴곡을 겪으면서 조선족이 사는 연변 쪽으로 옮겨가겠다고 한다. 짧은 6개월의 만남으로 우리는 클라리넷을 사고, 아내와 딸은 플루트를 사서 악기를 배울 수 있었다. 아들은 고등학교 학교생활로 바빠서 배울 수 없었다.

일주일에 한번 씩 만나는 최 선생님과의 만남을 통해 클라리넷을 배우기 시작하였다. 이제는 10여년이 지나 다 까먹었다. 도래미솔, 손가락으로 클라리넷 음을 내기도 힘든 상태에서 연주회에 곡을 불 수 있게 훈련하여 여러 명이 함께 연주를 할 수 있었다. 음악에 대해 문외한이라 생각하였는데 악기를 배울 수 있었고, 클라리넷을 불 수 있다는 사실에 놀라움을 갖게 되었는데, 이제 여러 해가 지나고 다시 그 악기를 찾으며 옛날에 가정의 평화를 찾으려 하니 어려움이 있었다. 클라리넷을 찾으려 하니 딸이 악기를 가지고 서클실에 갖다놓아서 클라리넷의 신이 나를 찾아올 때까지 기다려야 하는 상황이다. 사랑방 문화 콘서트에 수필 낭송을 의뢰받고 글을 쓰려니 다시 음악의 평화를 생각하게 된다.

처남이 광주시립 국악악단에서 피리를 연주하고 있고, 딸은 대학에서 작곡을 전공하고 있다. 고등학교 때 해금을 전공하고 서양음악 작곡을 하면서 우리 음악을 소화하여 연주하는 것을 들으니 시원한 느낌을 갖는다. 작곡의 세계를 펼치려면 여행과 독서, 영감을 가지게 해야 한다고, 베토벤이 말했다고 한다. 그래서 딸은 한비야 책을 읽더니 무료 철도 여행으로 배낭여행을 단독으로 떠나는 것을 보면서 걱정이 되기도 하고 음악의 세계를 위해 그러려니 기대하기도 한다.

음악. 예술의 세계는 그리스 신화에 나오는 무사(Mousa)에게서 영감을 가지게 된다. 그리스 신화에 등장하는 아홉 명의 여신이 영어권에서는 뮤즈라고 한다. 예술가들의 예술 활동에 영감을 주고 무사이(mousai) 여신 자신들을 통해서 공연과 창조의 과정을 생각해낼 수 있도록 돕는 역할을 한다고 한다. 비극의 뮤즈 에라토(Erato)는 사랑을 노래하고, 서정시 연애시의 뮤즈 에우테르페(Euterpe)는 기쁨을 노래한다. 음악의 뮤즈 우라니아(Urania)는 하늘을, 천문의 뮤즈 칼리오페(Calliope)는 아름다운 음성을,

서사시, 영웅시의 뮤즈 클리오(Clio)는 명성을 노래하고, 역사의 뮤즈 탈리아(Thalia)는 풍요와 환성을 말한다. 희극의 무사 테르프시코레(Terpsichore)는 춤의 기쁨을 추구하고, 무용의 무사 폴리힘니아(Polyhymnia)는 많은 노래(시)를 창작한다. 음악은 이처럼 사랑과 기쁨, 하늘과 아름다운 음성, 명성과 풍요, 비극, 춤과 노래(코러스)를 표상한다.

음악 세계를 추구하는 사람들에 대해서 성경은 잘 표현해주고 있다. 레위인, 헤만과 여두둔이라는 음악 레위인, 그들을 통해 시편의 음악 세계가 펼쳐진다. 시편 영장(악장)에 맞춘 노래들이란 표현을 통해서 성직의 제사장 중에 음악을 맡은 레위인들이 거룩의 세계에 중요한 사람이라는 사실을 보여준다. 오늘 이 음악의 신을 만나서 평화의 세계를 만들자. 다시 뮤즈의 영감을 찾으려는 여행을 떠나자. 그래야 천상의 세계를 맛볼 수 있으리라.

장애인 단상

날개 잃은 천사들이 이 땅에서 사는 것은 아닌가.

우리 인간들은 마음의 장애와 육신의 장애, 영혼의 장애를 가진 자들은 아닌가.

날개 잃은 천사들이 바로 이 땅에 사는 천상의 존재들이다. 그들은 하늘로 올라갈 날개를 잃어버려 이 땅에서 천상의 장애인으로 이곳에서 살아가는 사람들이다. 그들이 바로 이 땅의 장애인이다. 장애인들은 정상인보다 수명이 짧다고 한다. 그들은 본능적인 정욕에 빠르고 생존의 본능이 빨라서 환경에 잘 적응한다고 한다. 그들과 함께 생활하고 활동하는 것은 많은 웃음과 기쁨을 준다. 또 한편 기가 빼앗기는 현상도 있어서 단순한 사고와 깊은 인간애를 동반하게 하기도 한다. 그들에 대한 마음을 갖는 것이 바로 나의 마음의 병을 치유하는 길이라는 생각을 하게 한다. 우리는 장애우와 함께 살아가는 지혜를 가질 필요가 있다. 우리 사회의 많은 장애인들을 생각하며 정부와 기관이 정책적으로 그들을 향상된 서비스로 기쁨을 주는 것 외에 따뜻한 손길과 정감어린 말을 듣게 함으로 이 사회가 더불어 사는 아름다운 사회를 만들어 갈 수 있을까.

마음의 아픔을 많이 겪은 나는, 늘 장애인에 대한 관심과 애정이 있다. 평생을 나는 어둠의 그늘 속에 살아가는 분들과 함께 하려고 노력했다. 대학 때 한 친구는 가톨릭 대학에 입학하려다가 레위기의 성구 때문에 신부의 길을 가지 못하고, 우리 그리스도 대학교에 들어왔다. 그 때 나는 소아마비였던 그 손문봉 친구와 늘 함께 하였다. 그 후에도 약하고 부족하다고 생각하는 사람들이 나에게는 친근하게 느껴졌고, 그들을 가까이 보면서 나와 다르지 않은 것을 보았고 인간 정신의 순수를 보았다. 내가 오히려 마음과 영혼의 장애를 가지고 살아가고 있는 것을 발견하고 깜짝 깜짝 놀라곤 하였다. 어떻게 이 장애에서 벗어나야 하는가. 기도도 해보고 밤 자리에서 지혜를 묻지만 향상이 없고 내 영혼이 제자리에 맴도는 것을 볼 때 자괴감에 빠질 때도 많았다. 하지만 조물주 하느님은 언제나 나를 도와주셨고, 어느 보이지 않는 손길이 나를 늘 장애인과 어두운 그늘에 있는 자들과 친구가 되고 동무가 되도록 인도하였다.

요즈음 서강대 영문학과 교수 장영희 씨가 돌아갔다는 소식이 있다. 고(故) 장영희, 그녀의 글은 빛나는 지성을 주며 생각할 거리를 많이 제공하였는데, 그녀의 부고 소식이 있고 추모 글을 통해서 소아마비 장애를 앓았다는 사실을 알게 되었다. 평생을 독신으로 살며 학문과 벗하며 인생을 노래한 아름다운 영혼의 소유자라는 사실을 알게 되었다. 강영우 박사나 헬렌 켈러를 이야기하지 않더라도 우리는 나의 주위의 어려운 형제를 살필 때 그를 통해 인간 영혼의 아름다움을 전해줄 것이다.

한국이 복지 국가를 향하여 나가면서 장애우에 대한 관심이 많아졌고, 노인 복지, 새터민, 외국인 노동자들에 대한 관심이 많아지게 되었다. 그러나 아직도 사회 전반의 시설과 관심은 장애인 복지를 말하기에는 수준이하의 단계이다. 이를 위한 뒷받침이 있어야 하겠다. 우리 인근 지역에 있는 장애우를 위한 특별한 날을 선포하고, 그날은 그들과 함께 하는 날을 가져보자. 우리 공동체도 그 날을 선포하고 매일 그들을 초청하며 살자. 진정 행복은 나의 도움이 필요한 사람들과 함께 대화하며 살아가는 것이다. 나의 분신인 그들을 찾아 행복하고 아름다운 날을 살아가는 것만큼이나 기쁜 일이 있을까. 날씨가 추워지기 시작한다. 따뜻한 마음과 미소가 그리워지는 때가 되었다. 날개 잃은 천사가 더욱 보고 싶은 때이다. 가슴을 펴고 하늘을 보자. 그들의 눈에서 천국을 볼 수 있을 것이다.

참회1

이 저녁 참회의 기도를 드린다.
사람의 마음을 헤아리지 못해
가슴에 대못을 박고 살았다.

한 사람의 인생을 깊이 사랑하지 못했다.
내 목표만을 생각하며 살아온 인생이었다.

한 여인, 님을 깊이 사랑하지 못한 것이다.
자녀들을 사랑하지 못한 것이다.

그들에게 상처를 주고 사랑을 주지 못한 것이다.
그 자체, 그 목적으로 사랑을 하지 못한 것이다.

동생을 사랑하지 못한 것이다.
가인이 사랑스런 아벨을 보지 못한 것이다.

가족을 돌보지 못하듯 동생을 살피지 못한 것이다.
내 인생의 스케줄만 생각한 것이다.

나를 진정 사랑하지 못한 것이리라.
나를 사랑한다면 가족을 보며
사랑하는 님의 마음을 살폈어야 했다.
그의 마음의 강이 슬픔으로 가득 고여 있다.

이제라도 늦지 않았다.
눈물의 강이 넘쳐흐르기 전
님에게 용서를 빌고
지금까지 살아온 삶의 방식을 바꿔야 하리라.

수신제가 치국평천하의 자세로
다시금 소소한 가정일에 마음을 두자

이 밤 참회의 눈물이 바다가 될 때 까지
흐르는 탄식의 소리를 다시 헤아리며
별을 세며 가정 천국을 세우리라.

참회2

천년이 하루 같다는 시간
하루가 천년의 결정체를 가진 시간

참회의 시간에서
그 의미를 찾을 수 있지 않을까

눈물의 기도가
헛된 담화를 무력하게 하고

어디를 향하여 가고 있는지 모르는 군상들에게
진리의 일침을 가한다

역사는 기도하는 사람들의 함성에 함몰되고
자신의 의지와 계획으로 살아가는 사람들의 무덤을
만든다

후회와 뉘우침, 끝없는 회개의 시간이 필요한 때
의미 없는 사건들의 연속에서
돌아서야 하리

기도하는 한 사람이
가정을 살리고
무력한 사람들의 무더기 군집이
효력을 상실하게 한다

잠으로 가는 세계도 막히고
안식으로 가는 길목에서
일어나 잡념과 망상을 멈추게 한다

하염없는 눈물이 필요하건만
마음은 메말라
참회의 강은 흐르지 않으니

말할 수 없는 탄식의 소리
내 가슴에서 울려 퍼져

저 땅 끝으로 가서
나의 깊은 속마음을 끄집어내어
참회록을 쓰게 해다오

수많은 말들을 뱉고
살아온 날들이 하잘 것 없었다고

헛된 약속을 남발한 입술이
부끄러웠다고

하지 말아야 할 말들을
주어 담기에는

너무나 가벼운 존재의 부메랑으로
돌아와
나를 찌르는 말들

누구와 함께 있는지
돌아보니

믿을 수 없는
인생을 의지하고 있구나

아 하
나는
속물 인생으로

과거의 행태에서
벗어나지 못하고
날개를 달지 못하고
영혼의 비상을 하지 못하고 있으니

참으로 안타까운 인생
안일한 일상
깨어라
나의 영혼아

일어나라
나의 영혼의 잠자리에서

진리, 자유를 향하여
기적(汽笛)을 울려라

영의 바다를 향해
돛을 올려라

정치는 고독과 침묵을 거부하고
철학은 독이 든 잔을 마셔야 한다고
떠드는 자의 자리를

박차고

거친 물결을 항해할
채비를 갖추어라

마음을 비우고
천상으로 눈을 돌리고
손짓하는 천사의 소리를
따라
키를 잡고 나가자

비둘기가
참새와 더불어
있다가
퍼드득
날아올라 간다

원치 않는 상황들이
공격해 와도
평화를 만드는 언행으로

숨소리를 고루고
미소를 머금으며

소망을 이야기하고
노래를 부를 수 있어야 하리

회한과 원망
증오와 복수심을 달랠 수 있는
연장을 가지고

날개 잃은 천사들에게
찾아가서
햇빛 소식을 전하고
별빛 노래를 부르리라

온 누리에
더 이상 아우성치는
소리가 들리지 않을 때까지

사랑의 피리 불어
참회의 효력을 내어
남은 분초 아깝지 않게
언약의 산에서
맹세를 기억하리라

바람아

전해다오
나의 노래를
다함이 없는 행진가를
마르지 않는 샘물을
끊이지 않는 사랑을

이제 다시
참회의 시간에 든다
눈물이 하염없이 흐른다
울 수만 있다면 폭포수 되리라

할아버지

어느덧 날씨가 쌀쌀하다. 올 가을부터는 겨울의 문턱이 빨리 다가오는 듯하다. 유난히 어느 해보다도 자연 폐해가 많아서인가. 추어지지만 춥지 않는 이야기 거리가 있어야 올 겨울도 따뜻하게 보낼 수 있을 터인데. 산을 오르면서 할아버지 생각이 난다. 친할아버지 생각에 발걸음이 무겁다. 초등학교 입학식 때 내 손을 잡고 성내 초등학교에 데리고 가셨던 할아버님이시다. 묵묵히 풍납 토성을 지나 허허 벌판 모래밭을 가로질러 성동초등학교에 데리고 가시던 할아버지가 생각나는 것이다.

그리고는 몇 년 지나 내가 초등학교 3-4학년 때에 중풍병에 걸리신 것 같다. 몸이 불편하게 걸으시다가 오랫동안 누어 계시던 생각이 난다. 아버지는 베트남전에 참전하시어 돌아오셔서, 전방으로 이곳저곳 많이도 옮겨 다니시며 군 생활을 하셨다. 여러 가족들이 함께 풍납동 150번지에서 살던 때가 기억이 난다. 어떻게 할아버지께서 서울에 오셨을까. 들은 이야기로는 영암군 군서면 송풍리에서 사시다가 그대로 집은 큰 할아버지 댁에 주시고 왕십리로 올라오셔서 지푸라기 끈을 꼬아 만드는 가마니 새끼 공장을 하시기도 하였고, 초기에는 아버지와 서울역에 가셔서 지게 짐을 나르기도 하였다고 하셨다. 그러다가 왕십리에서 아버지는 어머니를 만났고, 아버지는 군 입대하였고, 가족들은 천호동 한강 대교 밑으로 이사를 왔다가 물난리로 인해 풍납동으로 이사하였다는 것이었다.

이주하는 동안에도 교회를 찾아 움직였고, 천호동 성결교회에 적을 두고 신앙생활을 하였다. 나도 먼 거리에 있는 그 교회 주일학교를 다니면서 아버지와 할아버지, 할머니의 신앙으로 교회를 다니지 않으면 안 되었다. 할아버지는 병이 걸리신 상태에서 가끔씩 손톱과 발톱을 내밀어 고사리 같은 손자의 손을 느끼려고 손자에게 말하곤 하였다. 그러면 나는 마지못해 손톱 깎기로 손톱 가장자리를 삐뚤삐뚤 자르며 '할아버지 발톱은 코끼리 발톱'이라고 볼멘소리를 내곤하였다. 할아버지는 그저 웃으시며 흐뭇해 하시는 모습을 볼 수 있었다. 그렇게 세월은 흘러 어느 해 12월 22일 동짓날에 그만 세상을 떠났던 것이다. 못사는 때이라 윗마을에 사는 고모부가 늘 술주정을 하였다. 특수 부대를 다니셨던 바둑이 아버지는 왠지 고래고래 소리를 지르셨을까 생각이 들기도 했다.

박주봉 할아버지는 4형제 중 둘째였다. 할아버지의 아버지는 외동 아버지의 두 아들 중 큰 아들이셨다. 대대로 아들이 귀한 집에 자란 큰 증조할아버지 밑에서 자라면서 일제시대와 6·25동란을 겪으며 어려운 시대를 보내셨다. 영암에 오랜 세월 사신 것 같지는 않으셨다. 전북 대하 지역에서 사시다가 외동이신 고조할아버지 때에 내려오신 것 같다. 가족사에 대한 역사를 재구성하며 이야기를 만들어가고 싶었지만 그동안 나는 여유가 없었다. 할아버지 생각에 그나마 이렇게 글을 써본다. 입학식과 코끼리 할아버지라는 생각만이 남아 있더라도, 또 함께 풍납동 집에서 어린 시절 계셔주신 것만이라도 감사한 마음이 든다. 뿌듯한 마음으로 손자를 보면서 병중에서 희망을 가지셨던 할아버지, 성명이 주봉(柱奉)이신 어르신은 큰 버팀목이셨다.

월남전이든 보릿고개를 넘어가던 한국의 근대화의 와중에서 시대의 풍상(風霜)을 겪으면서 많은 아픔을 겪었다. 하지만 신앙의 유산을 물려줘서 방랑하는 중에도 교회와 목회자들을 찾았던 아름다운 추억이 있었다. 할아버지의 찬양 애창곡 '구주 예수 의지함이 심히 기쁜 일이 아닌가!'하는 노래, 늘 우리에게 찬송을 부르게 하는 노래이다. 그래서 매년 명절 때 우리 식구들이 모여 감사 예배 찬양을 부르게 하였다. 또 할아버지는 나의 아버지를 광주 성경고보, 나중에 호남신학교가 된 그 신학교에 보내어 신학생이 되어 목사의 길을 가기를 바라셨던 마음을 가졌다. 그래서 우리의 신앙의 조상이 되셨다. 아버지는 성직자의 길을 가시지 않고 군에서 정년퇴직을 하셔서 그 바람이 나에게 이어져 서원(誓願)의 열매가 되었다. 그래서 내가 신학을 하고 전도자가 되는 것으로 할아버지의 소원이 맺어진 것이다.

오늘 따라 할아버지 생각이 문득 나는 것은 무엇 때문인가. 어렸을 때 이해하지 못했던 정감 있게 바로 보시는 그 미소 띤 얼굴이 새록새록 생각나는 것은 이제 조금 커서 철이 들었다는 것이다. 어떻게 다시 할아버지를 만날 수 있을까. 더 정겹게 손톱을 깎아 드리지 못했던 것이 아쉬운 것은, 대화를 하고 싶어 하신 뜻이라는 것을 뒤늦게 알게 되면서이다. 참으로 인생은 알 수 없다. 나이를 뛰어 넘어 할배의 마음을 이제야 알았으니 천상에 계실 할아버지를 부르면 이제라도 웃으시며 내 곁에 오실 것 같다. 기도원에서 할아버지와 아버지께서 은혜 받고 찍은 사진이 갑자기 떠오르기도 한다. 이번 동짓날 추모 예배에는 더 많이 영암생활 이야기와 할아버지의 추억담을 물어봐야 하겠다. 어려운 시절에 따뜻한 이야기가 더 있을 것이라 생각이 든다. 화곡산 밑에 양지바른 터로 발걸음을 옮겨 신학교 직장으로 들어서서 아직도 가을꽃이 지지 않는 것을 보니 환한 웃음이 나온다.

제2부

자연과 함께 하는 삶

산 사랑

황사 바람이 불더니 어느새 미풍(美風)이 분다. 개나리, 진달래가 피고 어느덧 철죽꽃, 라일락 꽃 향기가 진동한다. 우리네 가슴에 무언가 사랑을 전해주는 새 소리가 산으로, 산으로 유혹한다. 도심 속에서 산을 찾기가 쉽지는 않지만 서울 시내에 있는 산 근처로 얼마 전 이사했다. 동작동 국립묘지 뒤편에 위치한 산자락에 집이 있다. 산마을에 살며 나는 산 사람이 되어 틈나는 대로 나지막한 산으로 간다.

산새들이 비가 오면 우리 집 처마 밑에 와서 비를 피하고, 먹이가 시원찮으면 우리 집 식구인 팽돌이의 밥을 먹는다. 인생살이가 답답하고 힘들면 산에 간다. 책 보고, 글 쓰다가 가슴이 막히면 봉제산 작은 동산을 오른다. 산에 가면 마음이 가라앉고 욕심이 사라지고 편해진다. 요즈음 운동하는 사람들이 많다. 나는 혼자 말없이 산을 돈다. 그곳에는 나무와 새, 바람이 있다.

나무들은 계절에 따라 옷을 다르게 입고 나를 맞아준다. 추운 겨울을 견뎌내기 위해 나목(裸木)은 가볍게 서서 어엿이 침묵하며 버티고 있다. 볼품없지만 그래도 살아서 묵묵히 사는 방법을 가르쳐 준다. 한 겨우내 추위에도 살아 푸릇푸릇 새싹이 돋을 거라는 소망의 말을 건네며 이야기한다. 봄에는 희망을 보여준다. 사오월에는 오색찬란한 꽃의 향연이 벌어지며 생명의 힘이 얼마나 무궁무진하고 찬연한가를 산은 우리에게 말해준다. 가을 산은 인생 황혼의 아름다움을 가르쳐주고, 낙엽 지는 법을 우리에게 속삭이며 계시한다. 자연에 순응하며 순리대로 살다가 조용히 사라지는 이치를 깨달으라 한다.

새들은 계절에 따라 산에서 움직임이 다르다. 나무의 상태에 따라 새 소리가 다르게 들린다. 수목이 울창할 때는 큰 소리를 내다가 그만 앙상한 가지만 남았을 때 새는 소리없이 작은 날개짓을 하다가 어디론가 날아간다. 바람도 봄 여름 가을 겨울 따라 다르게 분다. 봄바람은 산으로 오라고, 여름에는 더운 열기를 식히며 쉬라고 부른다. 가을바람은 나무 잎사귀를 떨어뜨리며 많은 시련을 견디라 전하는 듯하다. 차디찬 겨울바람, 눈바람이 불면 산은 흰옷을 입고 낙엽과 함께 잠든다. 풍진(風塵) 세상은 산에서 소리 없이 숨을 죽인다.

산으로 가면 나를 포근히 맞아주는 숲이 있다. 숲은 언제나 나를 안기며 어머니 품처럼 따듯한 온기를 준다. 세상이 콘크리트 건물로, 아파트 숲을 이루고 아스팔트길로 빠르고 정신없이 우리를 몰아가더라도 산은 느리고 천천히 여유 있게 사는 법을 가르쳐 주고 안식을 준다. 산에 갔다 오면 사람을 봐도 즐겁다. 풍요로움으로 대할 수 있다. 누구에게나 친절하게 말하고 사랑할 수 있게 된다. 이제 산은 나의 일부가 되었다. 산이 나를 사랑하듯

나도 산을 사랑하는 사람이 되었다.

큰 산으로 가지 않아도 만족한다. 집 산, 뒷산, 앞산으로 가면 나의 에덴동산이 된다. 이제 산에서 꿈꾼다. 수필 소재가 생각나고 온갖 잡념들이 가라앉고 자애로운 마음이 생기는 곳이 산이다. 주말마다 산을 찾는 사람들이 있다. 산에서 7-8시간을 걸으며 산에 빠지는 사람들이 있다. 등산의 경지에 이른 분들이리라. 산에는 등산 애호가들이 광고하는 전단지가 있다. 국내에서 해외로 등산객을 부르는 소리들이 있다. 백두산, 중국의 장가계, 히말라야 등정 등 산행을 소개하는 광고에 그만 마음이 쏠리다가도 선 자리가 바로 그곳이라는 생각이 들면 더 이상 가고 싶은 마음은 어느새 사라지고 평상심으로 돌아간다.

산에 가면 깊은 사색을 할 수 있어 좋다. 묵상하고 명상하게 되어 산이 주는 이로움은 셀 수 없을 정도가 된다. 산에 가기 제일 좋은 시간, 제일 좋은 느낌을 주는 때는 비온 바로 뒤이다. 촉촉한 습기가 코를 적셔주고 생생한 풀잎이 생명의 기운을 받아 산소를 한껏 발생하는 순간이다. 이 때에 하는 산행은 깊은 사색으로 나를 이끌어 마치 신선(神仙)이 된 느낌을 갖게 한다. 아무도 없는 그 산길에서 나는 산과 하나가 되어 산이 주는 은밀한 언어를 찾아내고, 산이 주는 묘미(妙味)를 맛보며 산신령(山神靈)이 된 착각에 빠지기도 한다.

산이 주는 기쁨과 평화, 자유와 사랑, 은혜와 여유로움을 누리기 위해 산으로 가자. 산처럼 크고, 풍요롭고, 신비롭게 살기 위해, 자연의 이치를 배우고 산처럼 살기 위해 산에 오르자. 산은 평화의 자리, 영혼의 쉼터이다. 지친 영혼이여, 봄바람 부는 성산(聖山)으로 청초한 옷을 입고 있는 사랑스런 님, 영원의 산님을 보러 가자.

아침 고요

6월의 마지막 주 화요일, 이 날은 특별한 날이다. 수필반 사람들이 아침 고요 수목원에 가기로 한 날이기 때문이다. 박광정 선생님과 함께 나서는 나들이라 기대가 컸다. 비가 와서 선선하여 무더운 여름날에 발걸음을 가볍게 하였다. 모두 6명이 모여 조촐하고 오붓한 여행을 할 수 있었다. 내 봉고 차는 빛을 발해서 귀한 분들을 모시고 춘천 가도를 들어섰다. 차가 막히는 듯 하다가 대성리부터 잘 뚫려 현리로 가는 입구에서 축령산까지 빼어난 자연 경관을 보며 목적지에 도착하였다.

아침 고요에 다 달으니 흩뿌리던 빗방울이 멈추어 우리의 구경을 도와주었다. 아침 고요 수목원은 삼육대 원예과 교수였던 한상경 교수가 교수직을 그만두고 사재를 털어 만들었다. 96년에 시작한 정원 가꾸기가 9년이 지난 오늘에 이르러 완성되어 크게 발전하여 많은 사람들이 찾는 관광 명소가 되었다. 조선이라는 이름, '조용한 아침의 나라'의 뜻을 따서 '아침 고요' 라는 수목원 이름을 짓게 되었다. 이 수목원은 이름대로 한국의 자연과 화초, 나무들을 아우러서 아름다운 정원을 꾸몄다. 한국의 정서와 성서의 테마를 가지고 정원을 만든 것이 특이했다.

고향집 정원, 분재 정원, 초하류 전시장, 야생화 전시장, 시가 있는 산책로, 단풍정원, 석정원, 성서 산책로, 하늘나라, 선녀탕, 침엽수 정원, 아침 광장, 야생화 정원, 허브 정원, 무궁화 동산, 능수 정원, 허브와 아로마 등이 있다. 우리는 능수 정원을 지나 식당으로 곧바로 가서 금강산도 식구경이라는 말을 실천하듯 음식을 주문하여 요기를 하였다. 나는 축령 막국수를 시켜 춘천 막국수를 생각하며 그곳에서 가까운 강원도 정취를 느껴보려 했다. 식사 대접을 한 절초 씨에게 감사를 표하고 다리에 힘이 생겨서 가볍게 발걸음을 내딛으며 가꾸어 놓은 정원을 살펴보았다. 아직도 많은 꽃들이 피어 있는 것을 보며 내심 놀라움을 갖게 되었다. 내가 사는 마을과 산에는 봄꽃과 초여름 꽃들이 다 졌는데 이곳에는 내가 알지 못하는 꽃들이 자신의 존재를 알리며 손짓하고 있었다.

건강 발 마사지 자갈밭을 지나 도원 찻집에 이르러 한국 초가집 안으로 들어가서 선생님이 모두에게 사주시는 차를 들 수 있었다. 나는 매실차 향기에 젖어 지난 주 제주 여정을 기억할 수 있었고, 또 담소를 들으며 주위 경관에 빠져 들 수 있었다. 강의실에서 듣는 수필 이야기가 아침 고요의 찻집에서 수필 명작의 액체로 녹아들고 있었다. 무릉도원을 무색하게 하는 공간과 시간은 계속 우리를 잡아 두려고 하였지만 우리는 삶의 일자리로 아쉬워하며 다시 돌아가지 않으면 안됐다.

돌아오는 길에 개망초가 눈에 띄었다. 아마도 우리 회원 중 한 분이 그 꽃을 소재로 제목을 삼고 글을 썼기 때문일 것이다. 한상경 교수의 시가 여러 곳에 붙어 있었다. 그 시를 통해 우리가 기억하는 꽃 이름을 반추하게 하였고, 꽃 이름을 알고 있는 사연을 회상하게 하였다. 우리도 다른 사람들에게 특별한 꽃이 되어야 할 이유를 가르쳐 주었다. 다시 입구로 돌아 나왔을 때 내가 인도의 성인, 썬다싱 이라는 별명을 붙여준 제자와 그 여자 친구가 함께 놀러 왔다가 우연히 만났다. 반갑게 인사를 하고 사진 부탁을 하였다. 우리가 사진기를 준비하지 못해서 사진 한 장을 빌려 찍고 수필사랑중랑 카페에다 올려 달라고 말하였다. 젊은 두 사람이 아름답고 푸른 꽃이라면 나는 어떤 꽃인가, 우리는 어떤 꽃인지 질문하면서 집을 향했다.

돌아가는 길에는 교통사고 난 현장을 보며 지나가야 했기 때문에 아침 고요의 평화가 계속되지 못하였지만 우리는 넉넉한 마음과 여유를 가지고 관조하듯 바라볼 수 있었다. 마음속에는 이러한 말을 되 내이고 있었다. "고요한 아침의 나라를, 평화의 나라를 내 마음에서 가꾸어 가자."

나의 꽃

-한상경

네가 나의 꽃 인 것은
이 세상 다른 꽃 보다
아름다워서가 아니다

네가 나의 꽃인 것은
이 세상 다른 꽃 보다
향기로워서가 아니다

네가 나의 꽃인 것은
내 가슴속에 이미
피어있기 때문이다

녹색 여행

소낙비가 거친 숨을 쉬며 비를 뿌린다. 도회지에서 찌든 사람들은 농촌으로 생명을 찾아 떠난다. 공해와 오염으로 숨쉬기도 힘든 도시의 생활에서 벗어나 자연이 주는 안식과 평안을 얻기 위해 차를 가지고 서울 근교로 나간다. 나도 언제부터인가 자연을 찾는 사람들의 이동에 따라 시골로 움직이고 있었다. 부모님의 친구 분이 퇴직하여 이주한 신북 온천 근처의 수려한 장소에 가보기도 하고, 안양에서 음식 장사를 하시다가 양평에서 여주 방향으로 가다가 있는 구둔 지역에 땅을 사고 집을 지어 사시는 처이모 댁을 방문하기도 하였다. 또 아들의 뇌종양 수술을 여러 차례 한 여전도사가 그 자식 교육을 위해 홍천으로 이사하여 집을 짓고 사는 곳에 방문하기도 하였다. 요즈음 저작 번역 일로 알게 된 분이 공동체 수행을 위해 마련한 용문 용두리 지역에 다니게 되었다. 이곳은 자신의 아내가 위암으로 사망 선고를 받았지만 채식과 약초로 약물 치료를 하며 투병하여 생명을 건진 몰운 마을이었다.

몰운 마을을 다니며 피서를 하고 코리안 아쉬람이라는 명상과 수행 공동체에 기쁨을 가지게 되었다. 이곳 녹색 지역으로 여행은 자연이 주는 희락이 있었다. 사람이 파괴한 자연으로 인해 인간은 고통을 당하고, 지구촌은 몸살을 앓고 있다. 한국은 오존층이 파괴되어 36도를 웃도는 열대야 현상이 한반도 내 마을에 도달하였다. 이 더위를 식힐 수 있는 것은 녹색 자연으로 가는 길뿐이다. 시원한 계곡 물에 발을 담고 있으면 더위는 간데 없어진다. 자연이 주는 채소와 야채는 우리의 몸을 건강하게 한다. 녹색 식물, 양평 이모 댁은 갖가지 과일 나무를 심어서 우리를 손짓한다. 자두와 복숭아, 천도복숭아와 황도 복숭아, 토마토 등 여름 실과를 제공한다. 또 감자, 고추, 깻잎, 상추와 씀바귀, 더덕과 영지버섯 등을 먹으며 건강한 식사를 하면 마음과 기분이 상쾌하다.

녹색 띠가 푸르른 자연을 뒤덮고 있고 녹색으로 모든 지역과 온 세상이 연결된 것을, 사람들이 그 녹색 선을 파괴하였다. 도로를 만든다, 집을 만든다고 녹색 선을 끊어서 생명의 단절을 가져왔다. 그로 인해 자연의 파괴가 시작되었지만 아직 남아 있는 생명의 공간으로 사람들은 이동하고 있다. 삶의 질이 나아지고 먹고 살만해지니 사람들이 이제 자연으로 눈을 돌리고 땅과 집을 장만하려고 도시 근교로 나아가고 있다. 차가 있어서 이동이 용이해지고 녹색 종교를 통한 생명을 찾고자 한다. 자연 신을 만나고자 아예 집을 그곳으로 옮기는 사람도 보게 된다. 서울 직장으로 출퇴근하는 사람들이 늘어나고 있다. 녹색 지대에 가면 편안함이 있고 안식과 생명을 얻기 때문인가 보다. 자연에 가면 온갖

스트레스가 풀리고 마음이 상쾌해지기 때문인가 보다.

생명이 주는 향연을 만끽하기 위해 녹색 탈출이 시작되었고 그로 인한 진풍경들이 속출되고 있다. 주말 차량 행렬과 자연 파괴와 오염이 시작되고 근교 농촌 지역이 서울 사람들이 주말만 사는 공동(空洞)화 지역으로 바뀌고 있다. 차 매연을 마시고 상행위를 하는 사람들을 보게 되고 곳곳에 식당으로 즐비한 모습들을 보게 된다. 야외 차 극장이 생기고 모텔과 위락(爲樂) 시설들이 들어서고 있다. 이제 녹색 지대가 생명에 적신호를 알리는 적색 지대로 둔갑하는 모습을 본다. 생명을 찾는 녹색으로의 여행이 생명을 잃는 적색으로의 여행으로 바뀌는 현상을 본다. 욕심과 탐욕, 부정한 인간이 자연의 본심(本心), 항상심(恒常心)를 버릴 때 녹색에 있지만 죽음이 도사리고 있지 않은가. 녹색 지대에 선 사람들이 또 다른 녹색 지대로 여행을 해야 하는 시점에 서 있지 않은지, 자연은 여전히 푸르름으로 우리를 맞이하는데 사람들은 왜 계속 푸르지 않는지, 녹색 여행을 언제까지 계속해야 하는지... 운무(雲霧)가 낀 산하를 바라보며 양평 대교를 건너고 있는 차는 집으로 녹색 향기를 가진 나를 데려다 주고 있다.

단풍과 낙엽

가을이 깊어가자 나무가 가장 먼저 반기며 반응한다. 가을비는 붉고 누른빛으로 변해 가는 나무들을 시샘하듯이 가랑비가 굵어져 간다. 산천초목이 푸른빛을 띠다가 점점 황금색으로 변해 가는 멋있는 모습에 사람들은 어쩔 줄 모르고 산으로, 산으로 단풍을 보고자 나선다. 유명한 산은 벌써 단풍(丹楓)놀이로 몸살을 앓고 있다. 단풍이 가진 인생의 의미를 깊이 생각하는지 사람들은 단지 놀음과 홍겨움에만 관심 갖고 있는 것 같다.

단풍(丹楓)은 늦가을에 잎의 엽록소(葉綠素)가 분해되는 작업으로 시작된다. 이 엽록소가 햇빛을 받아 엽황소(葉黃素)로 변하거나 또는 화청소(花青素)가 붉게 변하게 된다. 이 나뭇잎 빛이 붉거나 누른빛으로 변한 것이 단풍잎이다. 이 단풍은 인생의 절정에 있는 사람과 같다. 청장년에서 노년에 접어들기 전 사람의 모습은 가장 화려한 자태를 뽐내는, 황금빛을 띤 나무와 같다. 인생의 최고 단계에 있는 사람들은 교만하거나 거만한 생각으로 낙엽(落葉)의 상태에 이르게 될 것이라 생각하지 않는다. 그러나 단풍 빛은 한껏 멋을 자아내고 빛을 발하다가 비바람이 불면 떨어지기 시작한다. 언제 나무와 함께 영원히 동거동락(同居同樂) 할 것이라고 약속하더니 자신도 모르는 사이에 땅에 떨어지고 마는 신세가 된다. 여기에 허무가 있다. 사람들은 허무한 인생이라고 후회하고 낙심하게 된다.

단풍잎이 낙엽이 된 순간, 우리는 그 낙엽을 보며 인생의 노년을 생각할 수 있다. 볼품없이 거창한 나무에서 떨어진 신세, 땅에 떨어져 나뒹구는 나뭇잎은 노년의 쓸쓸함과 고독함을 보여준다. 하지만 굳이 노년의 상태가 아니라 해도 현재 우리의 상태를 볼 수 있는 지혜가 낙엽에 있다. 낙엽은 인생에 하락, 추락의 시점이 있다는 것을 깨닫게 한다. 낙엽에게서 겸손의 지혜를 배울 수 있다. 단풍이 인생의 절정이라면 낙엽은 인생의 결말이다. 단풍이 나무의 멋을 발한다면 낙엽은 나무의 영속(永續)을 준비한다.

늦가을에서 초겨울로 접어드는 때에 나무와 낙엽의 상태가 시시각각 변한다. 나무와 나뭇잎 관계가 좋아서 절정의 상태에 이르면 나뭇잎의 빛이 붉게 누렇게 발한다. 최고의 빛을 발하고 저절로 나무에서 떨어진다. 자연스럽게 떨어지는 잎은 성숙한 낙엽이다. 또한 가을비가 촉촉이 내리자 그 비에 단풍잎이 떨어진다. 은혜의 비로 인해 황혼의 그림자처럼 길게 늘어 뜨리는 석양과 같지 않고 적절한 때에 낙엽이 사라진다. 이것은 아름다운 낙엽의 운명이다. 그래도 생명이 질겨 나뭇잎은 세찬 비바람에도 견디고 나무에 붙어있다 바람이 거세지고 점점 한파가 불어오면 떨어지지 않고는 배기지 못하는 낙엽도 있다. 이 낙엽은 보기에 좋지 않아 보는 사람의 마음을 안타깝게 한다.

낙엽으로 땅에 떨어진 나뭇잎은 다음 세대를 준비한다. 내년을 기약한다. 이 낙엽이 떨어져서 다음해의 자양분이 되기 위해 썩어져야 한다. 비와 눈과 햇빛이 겨우 내내 낙엽을 땅속에서 단련시키고 동화시킨다. 새로 낙엽은 거름으로 거듭나서 나무가 새롭게 부활하도록 도와준다. 아니 희생한다. 다음 세대로 아름다운 나무가 계속 살아갈 수 있도록 한다. 아하, 단풍이 낙엽이 되는 것은 한 세대가 가는 것이구나. 나의 단풍은, 나의 낙엽은 어디에 있는지 산으로 찾으러 가야겠다.

단풍이 낙엽이 되는 사연을 인생들에게 물어봐야 하겠다. 인생의 단풍이 낙엽이 되는 때가 언제인지 가을 나무는 묻고 있다. 소년의 나무는 자신이 단풍이 되기에는 꿈이 많은 막 자라기 시작한 작은 나무라고 생각한다. 청년의 나무는 이제 자라서 막 꽃잎을 피려고 하는 아름다운 오뉴월의 신록의 나무이다. 장년의 나무는 힘 있고 멋있는 울창한 나무로서 그 위용을 뽐내고 있는 나무이다. 노년의 나무가 황혼의 아름다운 노을을 빗는 것처럼 단풍의 황금빛을 발하며 장엄하게 낙엽으로 지는 나무라고 볼 수 있다. 우리가 나무라면 나무의 때의 모습대로 그 자태를 가지고 있을 것이다. 하지만 우리 안에 있는 마음의 나무는 아직도 푸르른 나무로 한 겨울에도 여전히 푸른 소나무같이 청춘으로 남을 수 있지 않을까. 내 인생 나무가 산 속에 있는 소나무처럼 푸르고 솔 낙엽만 떨어뜨리는 나무이고 싶다.

이제 가을바람이 세차게 불고 있다. 지금 밖에는 낙엽이 거의 지고 비 내리고 있다. 인생의 나이를 따지고 묻지 말자. 이제 나이에 맞는 겉모양 나무를 찾아 떠나는 여행을 멈추고, 인생의 내면이 영원히 청춘인 푸르름이 낙엽이 지는 계절에도 계속되기를 바란다.

동구릉 소풍

유서 깊은 동구릉으로 소풍 간다. 8월의 마지막 날에 조선 왕조 9명의 왕 무덤가로 나들이 간다. 동구릉은 어린 시절 버스를 타고 가던 소풍 경험이 있는 곳이다. 어느 왕의 묘인지 분간도 하지 못하고 마냥 즐겁게 친구들과 어울러 놀던 곳. 큰 능에서 미끄럼을 타면서 즐기던 곳이었다. 이제 나이 들어 찾은 이곳에서 과거의 유년시절 소풍 기억의 추억을 더듬으면서 역사와 인생을 생각하게 된다. 날씨는 맑고 나들이하기 안성맞춤이었다. 수필 선생님의 인도로 역사 공부와 소풍 할 수 있는 뜻 깊은 자리였다. 도심 속에 푸르름이 더욱 짙게 발하고 있는 곳에 아늑한 느낌으로 안식하고 있는 왕들을 만날 수 있었다. 쪽지 숙제를 받아 능 아홉 개를 돌아보며 질문의 답을 찾으려 애썼다. 우리들은 어느덧 그 왕들의 묘 이름을 익히며 왕들과 대화를 할 수 있었다.

동구릉(東九陵)은 서오릉에 반대쪽에 있는 동쪽에 있는 9개의 능이 있는 곳이다. 이 아홉 능은 건원릉, 문종과 현덕왕후 권씨의 현릉, 목릉, 휘릉, 숭릉, 혜릉, 원릉, 유릉, 경릉이라는 능이다. 더욱이 이 능이 조선 왕조의 어느 왕들의 묘라고 하는데 숙제하며 익히지만 뒤돌아서면 잊어버릴 능이었다. 태조의 건원릉, 제 5 대 문종과 그 비 현덕왕후(顯德王后)의 능인 현릉(顯陵), 제14대 선조와 그 비 의인왕후(懿仁王后)·계비 인목왕후(仁穆王后)의 능인 목릉(穆陵), 제18대 현종과 명성왕후(明聖王后)의 능인 숭릉(崇陵), 제16대 인조의 계비 장렬왕후(莊烈王后)의 능인 휘릉(徽陵), 제20대 경종의 비 단의왕후(端懿王后)의 능인 혜릉(惠陵), 제21대 영조와 그 계비 정순왕후(貞純王后)의 능인 원릉(元陵), 제24대 헌종과 그 비 효현왕후(孝顯王后)·계비 효정왕후(孝定王后)의 능인 경릉(景陵), 제23대 순조의 원자인 문조와 그 비 신정익왕후(神貞翼王后)의 능인 수릉 등을 돌아 볼 수 있었다.

후대의 왕들이 이곳에 묘 자리를 가져가면서 능 아홉 개를 가지게 되어 동구릉이 된 사연은 여러 우여곡절이 있었다. 그 사연의 끝은 24대 왕이었던 익종(翼宗)의 아버지에게서 이다. 그래서 동구릉(東九陵)의 명칭이 사용된 것은 익종(翼宗)의 수릉(綏陵)이 조성된 1855년부터라는 것이다. 이곳에 묻히는 왕들의 생각과 그 후손들의 생각은 무엇이었는지, 27대의 왕들과 왕들 5명의 아버지(추존)의 묘, 도합 32개의 묏자리 중에 9개의 왕실 묘가 이곳에 위치하게 된 이유를 따져보면 재미있는 역사의 교훈을 찾을 수 있을 것이다. 이것은 시간을 내어 역사책을 가지고 곰곰이 생각하며 후일 연구해 볼 일이다. 동구릉 맞은편에는 서오릉이 있는데 이곳에는 조선 왕조의 다섯 능, 즉 경릉, 창릉, 익릉, 명릉, 홍릉 등이 있다. 오능(五陵) 이외에도 명종의 첫째 아들 순회세자의 순창원이 경내에 있고, 영조 후궁 영빈 이씨(사도세자의 생모)의 수경원이 있으며, 최근 숙종의 후궁인 장희빈의 대빈묘도 이곳으로 이장되었다는 것이다. 이곳에도 전에 가보았지만 내력을 따지지 않아 몰랐지만 동구릉을 알게 되고 또 흩어진 왕들의 묘를 생각해보니 알게 되는 가 보다.

다른 왕들의 묘 자리는 어디에 있는가. 왕들과 왕비들과 계비들, 왕들의 부모와 형제들의 묏자리는 어디에 있는가? 여러 왕들의 묏자리들을 찾아 이곳에 묻힌 연유를 따져봐야 할 것이다(2대 정종: 후릉, 3대 태종: 헌릉, 4대 세종: 영릉, 6대 단종: 장릉, 사릉, 7대 세조: 광릉, 추존 덕종: 경릉, 8대 예종: 공릉, 9대 성종: 선릉, 순릉, 10대 연산군: 연산군묘, 11대 중종: 정릉, 온릉 외, 12대 인종: 효릉, 13대 명종: 강릉, 15대 광해군: 광해군묘, 추존 원종: 장릉, 16대 인조: 장릉, 17대 효종: 영릉, 21대 영조: 홍릉, 추존 진종: 영릉, 추존 장조: 융릉, 22대 정조: 건릉, 23대 순조: 인릉, 25대 철종: 예릉, 26대 고종: 홍릉, 27대 순종: 유릉).

동구릉을 돌아보면서 제일 먼저 눈에 띄는 묘는 견원능이었다. 태조 이성계의 묘였다. 그는 죽어서도 홀홀단신, 지존의 자리를 버티고 있었다. 특이하게도 태조의 능에는 자신의 고향인 함경도 영흥의 갈대를 심어놓아 아직도 자라고 있었다. 그의 유언에 따라 갈대가 있다고 하더라도 다른 능에는 없는 것이라 무엇인가 험한 인생의 역정을 보는 듯해서 나의 심사도 편치 않았다. 동구릉에 자리를 같이 한 왕들은 그 죽음의 자리가 태조의 권위를 갖고 싶어 했을 것이다. 이씨 조선의 위엄을 가짐으로 자신의 후대가 정치 현실에서 안정과 권위를 갖으려 했을 것이다. 권력의 심리와 인간의 정은 묘해서 태조의 친아들들은 아버지의 자리로 가기를 원치 안 했는지 모를 일이다. 태조의 묘 자리에 뒤이어 5대 왕인 세종의 아들 문종이 그의 부인 현덕 왕후 권씨와 함께 현릉(顯陵)에 쌍릉으로 묻혔다. 모든 왕들의 죽음의 자리를 찾아 왜 이곳에 묻혔는지 묻고 싶었다. 선조 들이 어떻게 살았는지 그 삶의 자리를 알고 싶어 일일이 묻고 싶은 마음이 많았다. 그 물음은 오늘 나의 삶이 어떤지 알고 싶고 앞으로 어떻게 살아야 하는지 묻고 싶은 것인지 모르겠다. 권력의 자리에서 맞는 죽음과 그 후대의 장지(葬地) 문화, 고대 사회의 삶의 애환들이 이곳 동구릉에 묻혀 있으리라.

앞으로 내가 묻힐 곳은 어디인지, 우리가 가야 할 곳은 어디인지 물으며 그곳에서 시간을 보내고 있었다. 삶과 죽음이 하나라는 것, 삶 이후에 죽음은 다르지 않고 계속 이어지고 있다는 것을 동구릉에서 볼 수 있었다. 왕들이라 그 죽음의 자리가 기억되고 역사의 흔적을 담고 있지만 많은 민초들의 죽음은 여기 저기 널려있다. 민중들은 역사와 함께, 그리고 그 넘어 이 땅 산하에 이름 없이 묻혀있다. 그러나 그들은 좋은 기억으로 죽음의 자리에 있지 않고 산 자들에게 계속 세대로 이어지고 있고, 좋고 아름다운 기억으로 남아있다. 동구릉은 영원히 살 수 있는 이야기를 가르쳐 주고 있었다. 그곳에서 우리가 어디서 발원(發源)하는지 묻는다. 울려 퍼지는 한 소리, 맑은 소리를 들었다. 이제 죽음의 자리에서 사랑과 평화, 이해와 관용, 어짐(仁)의 소리가 있는 생명의 자리로 이동하라.

견공 세대(犬公 世代)

개의 일생이라고 말할 수 있는지 모르지만 개를 키우면 일대기를 볼 수 있다. 사람의 인생이 과거 60에서 오늘날 평균 수명 80년이라고 하면 개의 수명은 15-20년이라고 한다. 개는 1살까지 크는 것이 인간의 나이 15-18세 나이까지 큰다고 한다. 그 후 2살부터는 5살씩 먹는다고 한다. 개의 일생을 보면서, 개의 족적을 살피는 것은 또 하나의 우리 인생을 추적할 수 있지 않는가, 물론 감히 개의 일대기를 가지고 만물의 영장인 인간의 생애와 비교할 수 없지만 말이다. 집에서 키웠던 개들을 생각하며 그리워할 때가 있다. 지금의 개를 키우면서 전에 개를 비교하기도 하고 어떻게 이렇게 다를 수 있을까 생각하기도 한다.

의정부 호원동 아파트로 이사 가기 전 묵동 집에서 포미라는 애완견을 마당 뜰 문 입구에 개집에서 키웠다. 그 개는 부모님이 키워서 정이 그리 많지 않았다. 의정부 집에서 묵동으로 이사 오고 나서 아버님 어머님이 키우신 개를 이어서 무심코 생명체이니까 아내가 밥을 주어 키웠다. 직장을 오가며 들락날락 할 때마다 눈길을 주 곤 하였는데 나이 많아서 눈 주위에 눈곱이 자주 끼는 것을 보며 9살 난 포미를 보며 '늙어가고 있구나.' 세월의 흐름과 포미의 일생을 바라보았다. 그렇게 정겨웁게 대하지 못하고 바라보고 있다가 개 줄이 풀려져 있는 것을 보고 놀라 동네 이곳저곳을 돌아다니다 포미를 본 사람의 말을 듣고 찾아서 데리고 들어왔다. 하지만 며칠 후 더 세게 묶여진 목줄을 끊고 끝내 자신의 종말을 보이기 싫었는지 두 번째 주인을 떠나 사라지고 말았다. 겨울에 집을 나간 포미를 찾으러 동네 주위를 돌아다녀보고 산에 가보와도 찾을 길이 없었다. 오랜 시간 같이 지낸 포미를 생각하며 의정부 호원동과 묵동을 번갈아 살면서 보았던 조그만 개를 바쁘게 살면서 지나쳤던 일들이 후회막심한 마음이 들었다.

의정부 집에서 키웠던 두리라는 두 번째 개는 상도동 선배 목사님 댁에서 서너 마리 새끼들 중에 한 마리를 얻어왔다. 그 개는 보통 개로서 작고 영리한 똥개이었다. 초등학교와 유치원에 각각 다니는 자식 둘이 두리를 좋아하였지만 개가 커지면서 아파트에서 키울 수가 없어서 양평 시골 넓은 뜰에서 개를 키우며 농사짓는 처이모 댁으로 갖다 주게 되었다. 우리가 놀러 갈 때마다 두리는 식용 개들과 마당에서 풀어서 키우는 개들의 왕초가 되어 있었고 주인의 사랑을 독차지하고 있었다. 그러던 두리도 새끼를 낳고 자연 속에 행복하게 지내다 3년이 지난 어느 날 집을 나가 돌아오지 않았다. 그 후에 두리의 새끼 케리를 보면서 영리한 어머니를 생각하곤 하였다. 양평에 갈 때마다 케리의 모습과 위용은 적어졌고 다른 개들이 몰려들고 있었고 끝내 케리와 그 새끼도 어디론가 사라지고 말았던 것이다. 거기서 개의 일생은 짧다는 것과 수명을 다 채우며 살기 힘들다는 것을 알게 되었다.

묵동으로 이사 오고 포미가 집을 나간 후 얼마 있다가 제자가 선물한 3개월 된 진돗개 새끼를 키우게 되었다. 온 식구들이 너무나 기뻐하게 되었다. 이 진순이는 자라면서 진돗개로서 성격을 유감없이 보여 주었고 온 집의 귀여움 거리가 되었다. 밑에 세들어 사는 아저씨가 좋아했고 그 옆집의 실직한 청년도 좋아해서 동네 한 바퀴 돌며 운동을 시켜주기도 하였다. 특히 박사 논문을 쓰며 힘들어 할 때면 진순이는 야간 산행을 할 수 있도록 친구가 되어 주기도 하였다. 진순이는 주인이 논문을 끝내고 점점 바빠지면서 산행이 줄어드니까 성격이 나빠지면서 손님들이나 지나치는 사람들에게 포악해졌다. 비가와도 날씨가 추워도 개집에 들어가지 않는 독특한 그 개만의 특징을 보였다. 어느 날 처제의 식구들이 방문하여 놀다가 시간이 되어서 동서가 집에 가려다가 귀엽다고 쓰다듬어 주려는 순간, 손을 물어서 진순이의 운명은 끝이 나게 되었던 것이다. 사나운 진순이는 처가 집에 탄핵의 대상이 되었고 어린 두 살의 진순이는 7만원에 개장사에게 팔려 가는 신세가 되었던 것이다.

정든 개와의 해후를 기대하기도 전에 동료 교수가 30만원에 흰 진돗개 새끼를 샀는데 아파트에서 키울 수가 없다고 주는 것이었다. 그래서 지금은 이 백구를 키우고 있다. 이번에는 사나워 지지 않고 온순한 성품을 지닌 개로 키우겠다고 결심하였다. 평화롭게 자라게 하고 수명을 다 채워서 장수하는 백구가 되게 하겠다고 키우고 있다. 진순이와 백구는 너무도 다르다. 성격도 다르고 주인에게 재롱을 떠는 것도 다르다. 주인과 개의 만남을 보면서 주인의 상황에 맞게 개가 찾아오지 않는가 생각이 든다. 나의 경우는 정말로 그런가 보다. 진순이 때와 백구의 때가 나 자아의 성격이 강할 때와 그 다음, 평화의 마음을 가질 때의 상황과 부합하는 것을 보고 놀라게 되었다. 견공과 그 주인과는 닮는가 보다. 나의 견공 세대가 이제 백구와 그 가족들로 끝을 내었으면 하는 바램을 가진다. 이제 일어서서 창가에 서서 백구를 보며 언제 산에 같이 갈래 묻고 있다.

봉화산

언젠가 부터 마을의 뒷산에 오르는 습관이 생겼다. 논문을 쓰면서 답답한 마음을 달래며 운동하고자 등산을 하게 되었다. 등산을 하면서 산에 있는 시간이 좋아졌고 등산하는 취미가 생기고 산을 사랑하게 되었다. 산에 올라 내려다보는 세상이 나와는 멀리 있는 대상으로 보였고 세상에 살고 있지만 한 발 떨어져 보면서 그것이 전부가 아니라는 생각을 하게 되서 여유로운 마음을 가지게 되었다.

우리 동네 산은 봉화산으로 신내동과 중화동, 태릉 일대의 사람들의 휴식 공간과 놀이터가 된다. 주위 산들이 보인다. 아차산과 남산, 북한산과 도봉산, 수락산과 불암산이 봉화산 주위를 둘러싸고 있다. 이 산은 옛날에 북쪽에서 오는 소식을 목멱산(남산)으로 전하는 마지막 봉화(烽火)터로서 기능을 하던 산으로써 봉화산으로 불린다. 이 산이 주위의 큰 산 과는 비교할 수 없을 정도로 낮고 조그마한 산이지만 가까이 있고 1시간이면 충분히 산 전체를 등산할 수 있어서 아주 내게는 적격인 산이다. 이제는 등산로가 정해져 산에 오르면 그 길로 가고 있는 것을 본다. 처음에는 이 길, 저 길, 유학 간 친구가 가르쳐 준 길 등을 다니며 마음에 드는 길을 닿기 시작하여 한 길을 정하게 되었다. 나 혼자 가기가 멋적어 우리 집 강아지를 데리고 다니다 보니 야간 등산을 하게 되었다. 저녁에 아무도 없는 산을 다니는 것이 한적하여 좋았고 적막감이 들어 좋았다. 무엇보다 이 도시의 가정집에서 숨 막혀 있는 백구에게는 무엇보다도 신나는 일이었다.

봉화산은 나에게 유일한 걷기 운동과 맨손 체조 등을 할 수 있는 운동 공간이었다. 따로 하는 운동이 없다보니 등산은 나의 유일한 운동이다. 저녁에 운동할 때는 주위 사람들이 이산화탄소를 마시기 때문에 몸에 좋지 않다고 하여 염려가 되었지만 땀을 흘리고 샤워하는 기분이 좋고 백구가 나들이하는 시간이 유일하게 그 시간 밖에 없기 때문에 저녁 산책을 즐기게 되었다.

사시사철 다니는 봉화산은 이제 나의 산이 되었다. 이 산에서 만끽하는 즐거움이 직장의 산으로 번졌다. 학교의 뒷산은 먼저 안 산이지만 자주 가고 즐기는 산은 되지 못하였다. 봉화산을 가는 재미가 봉제산으로도 연결되어 학교에 출근하면 운동하러 가는 산이 되었고 대화하기 위해 자연으로 가는 산이 되었다. 등촌 골짜기라고 알던 산이 봉황이 산을 품고 있는 형상이라고 하여 봉제산이라고 하는 것도 알게 되었다. 수당산, 매봉산, 화곡산 등으로 불리는 것도 알게 되면서 학교의 뒷 산도 더 알아 가는 재미가 쏠쏠하다. 친구와 함께 오르고 제자와 함께 오르면서 대화도 하고 운동도 하는 산이 되었다. 어쩌다 차를 타고 출근을 하면 산 가까이에 주차를 하고 가방을 들고 짧게 한 바퀴 돌아오는 산이 되었다. 전철을 타고 화곡역에 내리면 걸어서 15분에서 20분 거리의 학교 길을 도보로 다니다가 근래에는 산으로 올라가는 길을 알아서 시간이 많아 여유가 되면 봉제산으로 올라가는 길로 간다.

봉화산이 내게 준 선물이 학교에 있는 봉제산이고 나의 일상 속에 차지하는 안식처와 건강보장이다. 또 산책을 통한 생각하는 즐거움과 자연스런 활력을 주는 삶이 된다. 또한 산책은 마음의 풍요를 준다. 자연에서 보는 대로 평화롭게 살며 순리를 거스르지 말고 자연이 가르치는 대로 살라는 소리를 듣고 내려오면 일상의 거친 숨소리가 잔잔해지고 마음은 평온해진다.

이제는 집에 있는 산과 학교에 있는 산에 가지 않으면 불안해진다. 무엇인가 잃어버리고 사는 느낌이다. 멀리 다른 곳에 가도 산을 가게 되고 숲을 찾게 된다. 산을 보면 즐거워지니, 자연 우리 집 강아지와 산에 갈 계획을 세우게 된다. 큰 백구보다는 최근 양평에서 데려온 친근한 팽돌이를 데리고 낮에 등산할 생각을 하니 벌써 마음은 산으로 가고 있다. 지금 봉화산을 향하여 발길을 내딛으려고 한다.

강화도 야외 수업

1월 17일, 겨울 날씨에도 불구하고 봄날처럼 따뜻한 날에 수필 중랑 동우회원 17명이 산행을 나섰다. 박광정 선생님의 수필 명강의는 자연 속에서 더 빛을 발하고 회원들이 더 좋아하는 것 같았다. 그래서 마음이 푸른 사람들이 한 사람 또 한 사람 모여 들었다. 태릉 전철역 9시 30분, 차는 삼성 관광 25인용 버스였다. 운전 기사님은 후덕한 인상을 하신 분이다.

야외 수업이 민족의 영산 마니산으로 가는 길에 진행되었다. 마니의 뜻이 머리라는 것이었다. 머리산, 왜 머리산인가. 단군 할아버지가 이곳에서 한반도, 한국이라는 나라를 열었다는 뜻에서 비롯된 것 같다. 단군이 하느님께 제사를 드리던 곳이 고려 시대부터 단군 시조에게 제사를 지내는 곳으로 바뀌게 된 것이다. 마니산에 오르다 보니 태종이 단군에게 바치는 태종 어제라는 시가 있었다.

강화도는 신미, 병인양요의 흔적이 있는 곳, 고려 시대 몽고 항쟁 39년(1232-1270년)동안 도읍지가 되었던 곳이다. 이곳에 강화 팔경, 전등사, 보문사, 초지진, 연미정, 갑곶돈대, 마니산, 광성보,

적석사 등 강화 8경이 있어서, 서울 사람들이 가깝고 경치가 좋은 곳이라 사람들이 많이 찾는 유적지 관광지이다.

선사 시대의 유적 고인돌로부터 단군의 세 아들이 쌓은 삼랑성(정족산), 신라 시대 고구려 전등사, 몽고 항쟁의 삼별초 운동의 본산지 강화도는 민족의 운명과 함께 한 유서 깊은 곳이었다. 강화도를 보면 한국 역사의 한 단편을 볼 수 있는 곳이다.

2006년 병술년 새해 초두에 마니산에 오른다는 것은 뭔가 큰 의미를 가지는 느낌이 있었다. 이스라엘의 시조 모세가 시내산에서 십계명 계약 돌판을 받아 내려오는 것과 같은 뜻을 가지는 발걸음이었다. 우리는 이 산에서 무엇을 볼 것인가. 어떤 비전을 가질까. 마니산 기를 받아가자는 구호를 외치며 다들 들떠서 여행을 떠나는 수필 야외 수업이었다. 먼저 전등사에 들러서 400년 된 은행나무를 보고, 마의 태자가 지팡이를 꽂아 은행나무가 된, 천 년 넘게 아직도 용문사에 있는 은행나무를 생각하게 하며, 과연 지팡이가 은행나무가 되는 것이 가능한 가 이야기를 나누기도 하였다.

고려 시대의 나부상이 꽤 인상 깊게 다가왔다. 네 기둥위에 여인의 나부상은 지붕을 지고 있는 모습인데, 광해군 때 중수하던 도편수의 바람난 마누라 사연을 담고 있었다. 건축가의 복수심이 표현된 나부상, 무엇을 말하려고 하는지, 여인들에게 바람피지 말라, 바람 펴서 집을 나가면 신이 거하는 사당의 지붕을 짊어지고 평생 아니 후대까지 짐을 지고 있어야 하는 신세가 된다는 교훈을 말하려고 한 것인지. 하여 재미있는 이야기라 웃고 넘어섰지만 뭔가 뒤에서 계속 끌어당기는 소리가 있었다. 나체의 부끄러움 보다는 미학적 인간미가 더 돋보이고, 관음대전의 거룩함보다는 인간적 나약함이 적나라하게 나타난 나부상이 더 돋보이는 것은 무엇 때문인지, 그래도 지붕 처마에 붙어있는 물고기 종이 선명하게 보였다. 도의 세계가 밤낮으로 깨어있어야 함을 보여준 장면이다.

초대 교회에서는 기독교인인 것을 물고기로 표현하지 않았는가. 그것은 바로 예수가 그리스도 하나님의 아들 우리의 구세주라는 말뜻이다. 익수스라는 물고기 단어의 첫 단어가 바로 그 뜻이다(Ijesu Ch(X)rist Soterio Uios Th(Θ)eos). 예수가 그리스도(그리이스말), 메시아(히브리어) 구세주가 된다는 사실을 암어(暗語)로 물고기로 나타내면서 신앙 고백을 하며 그리스도인의 정체성(아이덴티티)을 표현하였다. 물고기 그리스도 상징이 예수의 제자 도마가 인도로, 또 그 제자들이 중국에, 우리나라에 한사군 시대(서기 160년대)에 경교(景教)가 들어와서 불교와 혼합되어 사찰, 불교문화에 남아 있는 것인지 그 근원을 따지며 상통성을 찾기도 하였다. 물고기처럼 유유히 물에 순응하며 살라고 하는 뜻으로 받아들이고 산을 내려와 마니산으로 발걸음을 옮겼다.

마니산, 머리(마리)의 뜻을 가진 또 다른 이름의 두악(頭嶽) 산을 올랐다. 계단이 918개라니 통풍의 아픔이 다 사라지지 않아서 선뜻 산을 오르고자 하는 마음이 앞서지 않았다. 머뭇거리면서 그래도 민족의 영산에 다가왔는데 예서 멈출 수 없다는 마음이 더 우세하였다. 나이 드신 분들도 관절염과 신경성 류마티스로 고생하시는데도 불구하고 한걸음씩 걸음을 내딛으면서 멈출 듯 멈추지 않으셨다. 매년 이곳 강화도에 학생들과 오면서도 이번 등산은 대학교 때 오르고 20년 만에 다시 오르는 것이었다. 함께 오르는 등산의 묘미를 느끼면서 천천히 주위 일대를 볼 수 있어서 좋았다. 인생의 정상을 향해 걸어가는 것이 우리의 삶이라고 하면 어떤 정상인가 생각하게 된다. 진리와 평화, 구원과 영생의 정상에 설 수 있다면 얼마나 좋은 가 생각한다. 인생의 고뇌와 삶의 문제를 갖고 산을 오르면서 대화 할 수 있었다. 평소에 한마디 말도 나누지 못하다가 산을 오르면서 서로를 알 수 있는 계기가 되어 좋았다. 글감을 찾는 눈길과 무엇인가 골똘히 생각하는 모습, 수첩에 뭔가 기록하는 모습을 보니 천생 문인이다 생각하였다.

산을 오르면서 나는 수필가 인가 생각하지 않을 수 없었다. 수필은 인격을 닦는 작업이라는 정의가 다시 새록새록 기억난다. 종교를 통하여 성자들은 인격을 수양하고 구원의 세계에 도달할 수 있고 영원의 세계에 이를 수 있다고 본다. 그러면 수필과 종교는 어떤 관계가 있는 것일까. 창조 문학이라는 잡지가 있다. 그 문인들은 이 종교의 세계 속에 문학의 문제, 인간의 문제들을 다룬다. 종교에서 참 인간성을 추구하려는 경향이 있다. 목사며 종교인으로서 수필과 종교가 구원과 인격 수양, 옳은 삶, 참다운 사물 관찰, 아름다운 세계를 찾고 만들 수 있다고 생각한다.

산 대화, 나무 대화, 바람 대화가 깊어지고, 우리들은 깨끗한

산, 영산에서 수필이 추구하는 세계가 무엇인가 생각하며 메마르지 않는 참된 기가 무엇인가 숙고하지 않을 수 없었다. 동우회원의 딸, 8살 나이의 지은이는 그것을 아는지 신나서 산을 오르내리는 것 같았다.

해질 녘에 산을 내려와 기다리고 있는 가족들을 위해 차를 빨리 재촉하였다.

우리의 마음을 아는지 차는 막힘없이 출발지로 다시 데려다 주었다. 우리의 스승, 인격의 수필을 강조하시는 선생님의 강청으로 저녁 식사를 하고 오병이어를 베푸신 님의 식탁에 감사한 마음을 가졌다. 하지만 우리는 송구스런 마음으로 대접하지 못한 아쉬운 마음을 뒤로하고 다음을 기약하였다. 오늘의 풍성한 산행, 강화도 마니산 여행은 글감의 원천이 되어 청초한 문학 세계, 창조의 신비를 간직하게 하여 수필이 마르지 않으리라.

땅 빛 소리

가을이 깊어가는 산언덕을 오늘도 걷는다. 일상에서 산에 가는 것이 하루 생활 중에 중요한 일이 되었다. 봉제산, 봉황이 알을 품고 있는 형상의 산이라 한다. 이 산을 거닌다. 예전 보다 많은 사람들이 산등성으로 난 길을 거닌다. 아침, 점심으로 운동 삼아 다니면서 나무와 숲을 보며 자연의 변화를 느낀다. 요 며칠 전부터 산에서 유심히 보는 것이 있다. 지렁이다. 지렁이가 길 가운데 나와서 사람들의 발에 치인다. 왜 지렁이들이 길가로 나와서 죽음을 맞이하는지 궁금했다.

지렁이, 산에선 없어서는 안 될 존재이다. 그들은 땅에 유기물들을 분해하고 땅을 기름지게 하는 생물이다. 숲속의 청소부로 땅의 용이라는 별명이 붙어서 지룡이, 지렁이라고 한다. 그런데 그 지렁이가 왜 사람들이 다니는 등산로 중앙으로 많이 나와서 발에 밟히는지 이해가 되지 않았다. 이제 생명을 마치려 하는 것인지. 나는 생물이라 여러 마리가 있는 곳, 땅이 기름 진 곳에 있는 그 미물들을 피하여 지나간다. 그 지역에만 있는 지렁이, 다음날 또 그 자리를 기억하며 다시 그곳에 어떤 변화가 있는지 안부를 여쭈러 간다.

갯지렁이를 가지고 바다낚시를 한 적이 있다. 왜 바다 속 물고기는 그 먹이를 좋아하는지, 아마도 고대에 지렁이는 바다 생물이었는지, 바다에서 살았던 적이 있나보다. 그래서 심연 속에 있기를 좋아해서 땅속에 사는 생물이 되었는지 모를 일이다. 지렁이는 사람들이 징그러워한다. 땅을 기어 다니는 모습이 흡사 뱀과 같아서 싫어하는가 보다.

왜 지렁이 같은 야곱아 하는지, 아마도 야곱을 비하하여 표현한 것 같다. 늘 머리를 써서 살아가야 하는 야곱, 축복 받기 위해 형 에서와 싸워 복을 차지하는 야곱, 지렁이처럼 꿈틀꿈틀 기어다니는 모습이 천한 모습을 연상하게 한다. 우리 인생도 지렁이처럼 긍정적인 면을 가지고 있기도 하고 부정적인 기능을 하기도 한다. 그는 땅속에 살면서 보이지 않는 세계에 청소부로 깨끗한 자연을 유지하는 좋은 생물로 삶을 살아간다. 다른 한편, 지혜로운 뱀이지만 성서의 창조이야기에 나타난 악마의 화신으로, 사람을 유혹하고 죄를 짓게 하는 역할을 한다. 그 꿈틀거리는 지렁이는 부정적인 뱀의 모습을 보인다. 지렁이 같은 인생아, 땅에서 살아가는 우리는 지렁이다. 땅으로 돌아가는 우리는 지렁이다. 지렁이가 자연의 일부이듯 만물의 영장인 우리도 자연의 한 부분이다.

지렁이가 죽기 위해 땅 속에 있다가 밖으로 나온다. 그는 자연의 일부로서 자연으로 돌아가고자 한다. 자연의 순환을 거부하지 않고 다른 생물의 순환을 도와주던 그가 땅으로 돌아간다. 왜 그는 길가 땅 밖으로 나오는지. 그저 땅 속에서 사라져도 되지 않는가. 지렁이는 자연 속에서 인간의 발에 치여 죽기도 하지만 들쥐나 들 고양이에게도 살신성인하는지 모르겠다. 비가 내린 이후에는 많이 사라졌다. 비바람에 쓸려가기도 한 것이리라. 먹이사슬의 고리에서 그들은 자연으로 돌아가는 모습이 밖으로 나오는 것이다.

예수가 광야에서 사탄에게 시험 받는 장면을 보자. 그는 세 가지 시험을 받으셨다. 첫째, 광야에서 황량한 그곳 밖으로, 세상으로 나오라는 유혹이다. 돌을 빵으로 만들라는 것, 물질적 풍요가 있는 곳으로 나오라. 둘째, 성전 꼭대기에서 뛰어내리라. 초자연적인 이적의 세계에서 살라는 유혹이다. 자연의 이치에서 벗어나 세상의 법칙으로 살라는 것이다. 셋째, 세상 영광을 보여주며 세상 나라 자체, 권력자 자신에게 절하라는 것이다. 땅 밖으로 나오라는 것이다.

그 다음날 많은 지렁이가 밟혀 죽어 있다. 자세히 보면 이미 죽어서 껍데기만 남아 있는 것이 보인다. 갈 때마다 여러 마리가 치어서 움직이지 않고 있다. 활동이 이제 멈춘 모양이다. 우리 인생도 영성의 삶을 살아가는 존재들인데, 주님과 교제하다가 그만 욕심이 생겨서 물질과 돈에 미혹되고, 초자연적인 힘을 빌려 살아가려 할 때, 세상 권력과 영광을 추구하고 사탄에게 절할 때 바로 등산로에 노출된 지렁이 신세가 될 것이다. 우리는 밖으로 나오려고 애를 쓴다. 세상의 중심을 향하여 이동하려고 몸부림친다. 그곳이 죽음이 기다리고 있는 곳인지 알고 가는지, 지렁이는 알고 가지만 인간은 그렇지 못한 것 같다.

자연으로 돌아가려는 지렁이의 숭고한 뜻이 있는 곳, 길가로 많은 존재들 앞에 서는 위대한 자연의 유기물들이 지룡이다. 광야에서 딴 세상을 꿈꾸는 지렁이 같은 인간들은 불운의 생을 마감하려고 밖으로 출세의 길을 향하여 나서려 애쓴다. 결국 흙속에 있어야 생명을 유지하는 존재다. 흙에서 온 존재가 마침내 흙으로 돌아갈 때까지 한 세상을 살다가 가지만 흙에서 살다가 그만 갈 날이 됐을 때, 지렁이처럼 모든 존재에게 유익을 끼치고 사라지는 그런 인생이 되기를 산에서 생각한다.

오늘도 산으로 가서 비 맞은 산님을 보면서 묻는다. 비 맞아 춥지 않느냐고. 지룡이 님은 해맑게 웃으며 아침 햇빛을 맞이하려고 숨 쉬고 있는 것이 행복하다고 한다. 추운 바람이 불어오는 언덕을 지나며 애써서 땅 밖으로 나오지 말라는 그 분의 소리를 들으며 촉촉한 붉은 흙을 밟고 교정을 향한다.

등산

나는 이제 산이 나의 신체의 일부가 되었다. 언제 부터 산을 좋아하게 되었을까? 어렸을 때 남한산성에 올랐을 때 정신없이 내리막길을 내려오던 기억에서부터 시작한다. 빠르게 내려오던 스피디한 속력에 신나하던 기억에서부터이다. 산에 놀러 가자는 사람들의 제의로 산에 놀러 가서 사람들과 어울리며 즐거운 시간을 보내게 되었던 기억들이 쌓여서 좋은 감정을 가지게 되었다. 그러다가 대학 시절 신학을 공부하던 기간에 김정훈 신부의 유고집을 보게 되면서 산은 성직자가 가까이 해야 할 대상이라는 것을 알게 되었다. 그 신부의 유고집 제목은 「산, 바람, 하나님 그리고 나」였다. 그는 산을 좋아하여 오스트리아에 유학 가서도 등산을 하다가 그만 실종되었다. 평소에 자신의 생각을 일기장에 모아둔 것을 모아서 그의 친구들이 책을 내었던 것이다. 그 책을 읽다가 그가 그렸던 산에 대한 그림들을 보면서 그의 순수한 생각과 성직자로서 고뇌하는 모습을 보게 되었다. 그 책을 읽으면서 나도 어떻게 살아가야 할지를 생각하게 되었고 산처럼 우람하고 조용하게 살아가야 하겠다고 생각하였다. 그리고 산은 하나님을 만나기 제일 가까운 곳이라는 그의 생각에 나도 모르게 동의하고 있었다. 그러다가 몇 년 전부터 동네에 있는 봉화산에 자주 가게 되었다. 이 산에 가게 된 것은 논문을 쓰기위하여 가게 되었다. 책상에 오래 앉아있어야 하는 일과 집중력을 가지기 위하여 운동하고 체력을 다지기 위하여 산에 오르기 시작하였다.

이렇게 시작한 봉화산의 등산은 나에게 많은 것을 가르쳐 주었다. 산에 오르는 사람들이 많다는 것을 알게 하였다. 아침에는 나이 드신 분들이 주로 많이 산에 오르고 산 정상에서 요란한 음악을 틀어놓고 신체 건장하고 날씬한 인도자에 의해 에어로빅 춤을 추며 아침을 떠들썩하게 만들었다. 점심에는 동네의 아낙네들이 건강을 찾고 유지하기 위하여 산에 있는 것을 보았다. 저녁에는 직장을 다녀온 사람들과 일과를 마친 사람들이 섞여서 등산하고 있었다.

조그마한 산에 의외로 등산로가 많이 있는 것을 보고 놀랐다. 등산을 하다가 동네에 사는 신학 하는 제자와 우연히 만나서 그가 좋아하는 등산로를 알게 되어 일명 괴테의 길이라는 곳을 등산할 때 마다 가게 되었다. 그곳을 지나가게 되면 시상을 생각하게 되고 평화로운 마음을 가지게 된다. 사람들은 각기 자기의 정해진 등산로를 따라 등산을 할 것이다. 사방팔방에서 봉화산 정상으로 올라와 자기가 사는 동네로 다시 내려가는 등산로가 일반적인 등산로일 것이다. 나도 태릉 중학교 옆 노인정으로 올라가 일차 정상에 올라서 왼쪽으로 아차산이 보이고 중앙청이 있는 인왕산을 바라보고 도봉산의 인수봉을 바라본다. 그리고 중랑천과 동부 간선도로 위에 차들을 힐긋 바라보다가 빽빽이 들어선 못생긴 아파트를 바라본다. 아파트를 바라보다간 답답해 오는 마음을 바꾸러 빨리 봉화산 2차 정상인 봉화대위로 길을 옮긴다. 그곳에서 멀리 바라보면서 팔굽혀펴기를 몇 번 하고 산을 내려온다. 올라온 반대편 중턱을 거닐어 한 바퀴 산허리를 돌아 나온다. 그 도중에 있는 괴테의 길에서 안도의 한숨과 평화의 시간들을 만끽하고 인적이 드문 산책로로 진행하여 산림이 울창한, 나무들로 둘러싸인 곳에서 긴 시간을 가지며 오랜 시간 머문다. 체조와 팔 운동, 내가 하고 싶은 몸동작을 한다. 권투 폼을 잡다가 태권도 폼을 잡는다. 배구의 스파이크 흉내를 내다가 적은 물이 나오는 약수터에 가서 물을 한 모금 마시고 아까 왔던 등산로로 다시 반대로 내려가면 상쾌한 등산이 끝난다. 요즈음은 가뭄이 심한가 보다 약수 물이 나오지 않으니 안타까운 마음을 가지며 비가 오기를 기원하며 내려온다.

혼자 등산을 하다가 2달 전에는 우리 집에 한 제자가 준 진돗개 새끼와 함께 등산을 하게 된다. 그 개의 이름은 진순인데, 누군가 진순이라고 부르게 되어 식구 모두가 진순이라고 부르게 되었다. 진순이와 함께 나의 등산로를 등산하면서 등산의 재미를 요즈음 만끽한다. 시간이 없어서 이틀에 한번 집을 나서면 진순이는 좋아서 어쩔 줄 모른다. 자연과 동물과 인간이 하나라는 것을 느끼게 된다. 진순이는 풀과 함께 대화하고 둥글고 냄새를 맡으면서 산의 정취와 산에서 나오는 산소를 한껏 마시며 산이 주는 푸르름과 공기와 평화로움을 우리들처럼 느끼고 즐긴다.

진순이를 데리고 나가면서 동네에서는 줄을 매워 끌고 가지만 산에서는 끈을 풀어주고 자연을 맘껏 즐기라고 손에서 끈을 놓아 해방감을 가지게 한다. 그러면 어린 진순이는 만나는 사람마다 반갑다고 꼬리를 흔들며 사람에게 가까이 간다. 그러면 개를 좋아하고 동물을 좋아하는 사람들은 그 개를 쓰다듬어 주거나 말을 건넨다. 그렇지 못한 사람은 짜증을 부리며 귀찮아하며 발로 찰려고 하는 것을 보기도 한다. 개를 대하는 사람의 모습에서 그 삶이 어떠한 사람인가를 알 수 있을 것 같았다. 오늘 아침에 친구에게 전화가 왔다. 두 마리 개를 가지고 우리 집에 방문하겠다고 하던 친구가 2주간 연락이 없다가 전화가 온 것이었다. 그 친구는 하룻밤을 새고 나의 집으로 개를 가지고 오려고 하였지만 집 사람 친구 집에서 데리고 온 개가 밤새 자기 집으로 돌아가고 싶다고 아파트 전체가 떠나가라고 울어 되서 그만 새벽 3시에 다시 갈현동으로 데려다 주었다는 것이다. 그러면서 다시는 개에 대해서는 신경을 쓰지 않겠다고 개에게 질렸다고 말하는 것이었다. 나는 그 친구에게 속으로 들리지 않게 전화에다 이렇게 말했다. 산에 개를 데리고 가면 울지 않고 그 개와 친해질 수 있을 것이라고 말하고 있었다.

등산은 등산가에게 생각을 하게 한다. 나도 등산을 하면서 나도 모르게 생각을 깊이 하는 습관이 들게 되었고, 어느새 시를 쓰고 싶은 마음이 들어서 시를 서너 편 써서 찾아오는 친구들에게 발표를 하면서 자랑하는 재미도 갖게 되었다. 그러다 보니 산에 가면 시상을 생각하는 버릇이 들게 되었다. 기도에 대한 생각으로 한 달 째 시상(詩想)을 생각하게 되고 또 다른 일상사와 논문과 교수에 대한 생각과 개척하는 교회에 대한 생각, 자식 교육에 대한 생각, 학교에 대한 생각 등 많은 생각들이 산에서 자연히 생각하게 되고, 그러다 보면 어느덧 평상심을 가진 풍요로운 마음으로 바라보고 생각하여 여유로움을 가지게 된다. 이것은 등산이 주는 유익함과 산이 주는 선물이었다.

산은 사람들에게 시를 주고 자연의 이치를 가르쳐 주고 푸르름과 앙상함의 모습을 통하여 어떻게 살아야 함을 가르쳐 준다. 진달래, 개나리, 라일락, 철쭉, 아카시아, 장미 등이 피어나는 4, 5월의 봄날과 신록이 울창한 여름에 산에서 인생의 아름다움과 결실을 위한 인생의 계획을 하며 앞날을 생각하게 된다. 가을이 되어 찬바람이 불고 나뭇잎이 변해 가면 인생의 쓸쓸함과 겸손한 인격과 교만하지 않아야 할 성품을 생각하게 된다. 겨울 산에서 인고의 세월을 보내며 봄을 기다리는 마음은 인내하며 살아가야 하는 의지를 가지게 된다. 이처럼 자연은 사람의 성격을 변하게 한다. 인내와 겸손과 자연심이 사람의 성격을 형성하여 포근한 사람이 되게 한다. 산의 사시사철의 성품을 가지게 하여 변화무쌍한 성품을 가지고 많은 특이한 사람들을 포용할 수 있는 성격의 소유자가 되게 한다.

한 제자가 들려준, 등산은 논문 쓰는데 큰 도움을 준다는 말은 맞을 수밖에 없는 말임을 실감하게 된다. 등산은 나의 건강에 도움을 주고 나의 일상에 도움을 주고 나의 인격에 도움을 주었다. 세계를 바라보는 안목에도 도움을 주었다. 산은 나의 일부가 되었다. 산에 가지 않으면 이제는 좀이 나서 못 견딜 것만 같다. 산은 나의 기쁨이 되었고, 산은 나의 생명이 되었다. 산이 매일 나를 부르고 있다. 산의 푸르름이 나를 푸르게 살라고 말하고 있다. 산의 소나무 향이 나의 코를 자극하며 부르고 있다. 산의 각종 나무가 나의 손길을 기다리며 손짓하고 있다. 산으로 가자. 자연으로 돌아가자. 자연은 우리의 생명이다.

새 둥지

"왜 새들은 높은 둥지에 똬리를 틀고 집을 지을까?"

"왜 인간은 땅에 집을 짓고 사는 것일까?"

내가 새가 집을 짓는 이유와 높은 나무 위에 집을 짓는 이유를 물으니, 상대는 사람이 땅에 집을 짓고 사는 이유로 반문한다. 참으로 놀랍고 예상 밖의 대답이다.

인간이 사는 근거가 흙이라 흙 위에 집을 짓는다는 것. 그러면 새들이 사는 주 공간은 하늘이기 때문에 하늘에 가까운 높은 곳에 집을 짓고 사는 것이 당연하다는 것이다. 사람이 사는 집이 다 땅위에 만 있지 않다. 물위에 배집을 만들어 수상 가옥에 살기도 하고, 산 중턱과 꼭대기에 집을 짓고 산에 밭을 일구고 사는 사람들도 있다. 정글에는 나무위에다 집을 짓고 사는 민족도 있다. 다양한 사람들의 집의 구조는 자신들의 삶의 환경과 밀접하게 연결되어 생활 세계와 맞게 집을 짓고 사는 것이다.

새 둥지가 보인다. 산에 새들이 날아온다. 새는 날다가 지치면 나무 위에 앉았다가 다시 먹이를 찾아 비상한다. 먹이를 찾고 다시 새 집으로 돌아온다. 종족번식을 위해 짝을 찾고 공생공존을 위해 새무리를 따라 이동하며 철새가 되어 떠돌다가 다시 보금자리를 찾는다.

새는 높은 곳에 산다. 새는 우리와 다르다. 높은 세계에 머물러 하늘의 진리를 따라 산다. 높은 곳에 집을 짓고 이 세상의 낮은 가치를 추구하지 않는다. 새와 같이 하늘을 나는 사람들은 세속적이고 물질 추구의 인생을 살지 않는다. 그저 주어진 자연의 이치에 따라 조그만 먹이에 만족하고 새끼를 먹이고 키우며 자신에게 주어진 일에 최선을 다해 날개 짓하다가 지치면 새 둥지로 날아와 짝지어 함께 안식의 시간에 든다.

둥지는 사람이 만들어 준 새집이다. 사람이 만들어준 집에 새들이 들어와 사는 경우는 드물지만 지혜로운 새들, 아니 자기의 집을 스스로 짓지 못한 게으른 새들, 아니 창조주의 은혜를 좋아하는 새들은 그 둥지를 이용해 자신의 집으로 개조하여 그 집을 암컷이 의도한 대로 멋있고 편하고 쉴 만한 공간으로 만든다. 이 새 둥지는 인간과 새의 만남이 있고, 대화가 있다. 새처럼 살 수 있는 인간의 마음이 있다. 우아하고 고상하게 사는 사람들이 찾는 공간이 되고, 땅에 발을 딛고 살지만 하늘을 바라보고 높게 비상하며 사는 존재가 되고자 한다.

새 보금자리는 고지대에 있어 산으로 높은 곳으로 가야 만난다. 눈을 들어 높은 곳을 쳐다봐야 볼 수 있다. 여유를 가지고 살아가는 사람만이 볼 수 있는 축복이다.

이제 봄바람이 분다. 자연은 개나리, 진달래, 벚 꽃, 라일락, 목련화 꽃이 피고 있고 새 소리들이 지지배배, 재잘거리며 산으로 자기를 보러 오라고 손짓한다. 꾀꼬리와 앵무새가, 기러기와 고니가, 솔개와 갈매기, 백조와 원앙이 자기 집으로 오라한다. 붕(鵬)새는 깨달음의 세계로 날아가라고 주문하고, 삼족오는 고구려 시대의 웅비를 갖고 날라한다. 봉황과 주작(朱雀)은 메시아 사상(思想), 하늘사랑을 펼치며 사람의 안식을 추구하라고 깨우친다. 불사조 피닉스와 수미산의 가루다에게 가지 않아도 평화와 영원을 동산의 새들이 가르쳐 준다.

새의 안식처를 보며 우리도 높은 곳에 집을 짓고 그곳에서 안식을 누리도록 하자. 박새와 직박구리가 봄새 소리를 울리니 자연은 탄생하고 만물은 새롭게 창조를 서두른다. 하늘 소리가 울리는지 들어보자. 산천으로 나가 봄맞이를 하며 새와 함께 놀아보라. 노래하고 춤추며 삼라만상(三羅萬象)의 하나로서 존재를 찾아보라. 새처럼 날아다니며 평화를 노래하라. 새 집에서 새들의 초대를 받거든 기뻐하라. 새들의 세상이 되는 날까지 멋있게 날아보자.

무궁화

유심히 보이는 꽃이 있다. 산길에서 보는 그 꽃은 바로 애국가에 나오는 무궁화이다. 한 후배가 무궁화를 연구해보라는 권유가 수차례 있었다. 무궁화는 신비롭고 연구할 가치가 많다고 강조하며 찾아도 오고, 전화로도 하면서 연구하고 있냐고 독촉하는 것이 아닌가. 왜 유난히 구약 성서학자에게 무궁화를 연구하라고 하는지 의아해 하면서 산으로 난 길로 출퇴근을 하면서 학교로 올 때 어느 날부터 민족의 꽃이 보이기 시작하였다. 여름에서부터 가을로 들어설 때까지 꽃은 오래 동안 피고 지고 피었다. 참으로 이상한 것은 다 지었다 싶으면 언젠가 또 새 꽃잎이 피는 것이었다.

내가 보는 무궁화는 다섯 그루 정도 나란히 피어 있어서 하얀 꽃잎을 내는 나무와 핑크 빛 나는 꽃잎이 번갈아 서면서 꽃이 피었다.

특이한 것은 오랫동안 피고, 끈질기게 남아 있는 꽃잎을 보면서 이제 사라져 없겠지 생각하고 바라보면 여전히 꽃잎을 피우고 있었다. 하얀 꽃잎이 더 오래 가는 것을 보면 백의민족의 특성을 보여주고 있지 않는지 생각하기도 한다. 아니 어찌도 이렇게 은근과 끈기를 보여주는지, 벚꽃은 활짝 피었다가 한 순간 사라지며 장렬하게 낙화하는데 말이다. "무궁화 삼천리 화려강산" 무궁화는 대한 사람의 마음에 살아서 계속 꽃을 피우고 있으니 사시사철 꽃을 피우고 있다고 말해야 할지 모르겠다.

시월 초하루를 앞 둔 날 찬바람이 불어도 몇 송이 꽃이 남아있다. 지구 온난화 현상이 있다고 하고, 모기가 아직도 사라지지 않고 있다고 해도 가을날에 꽃은 여전하다. 산에는 눈 꽃송이와 같고 개망초 와도 비슷한 흰 꽃이 유난히 빛나도 무궁화는 아직도 자신의 존재를 말하고 있다. 산길을 지나가면서 바라보는 무궁화님은 이제는 친구가 되었고 계속 피고 있는 그 자체가 큰 위안이 되었다. 나도 아직 저 꽃처럼 살아있고 영광을 누리고 있구나 생각하니 힘이 난다.

코스모스가 우주를 담고 있고 활짝 피어 사람들을 손짓하는 계절이다. 하지만 나의 마음은 어느새 무궁화에게 가 있고 언제 잎이 떨어지나 관찰하고 있으니 알 수 없는 심사이다. 무궁화 연구관찰자가 되어 탐구하는 입장이 되어서 그런가. 어떤 곳에는 꽃망울이 시들어 있고, 다른 곳은 아직 꽃망울이 펼치려고 움츠리고 있는 듯하였다. 아마도 나만 그 잎을 자세히 바라보고 지나는 것 같았다. 매일 매일 바라보는 나의 눈길은 언제까지 계속될 것인지 궁금하다. 한민족의 심성을 깨우치는 날 마치게 될지, 무궁화 신학이라고 말하고 담론을 마치려 할 때 끝날지, 누군가 인근 민가에 가까운 산자락 그곳에 무궁화를 심은 이유를 깨치고 날 때 호기심이 그칠까. 이사 온 집에서 시간이 흘러 다른 곳으로 이사 갈 때 이 꽃을 보지 않을 것인지 자못 궁금하다.

친근했던 우리 집 강아지 팽돌이를 잊어버리고 금방 뇌리에서 떠나 무궁화를 바라보면서 위안을 얻었던 것 같다. 저녁에도 유난히 빛나는 흰 꽃은 희망의 빛으로 다가왔다. 이 식물과 대화를 시작하는 날, 우리는 새 차원의 평화가 임하리라 생각하며 그 꽃을 보러 저녁 산길을 또 나서러 간다. 아직도 피고 지고 다시 피는 끈질긴 너의 생명의 용솟음이 나에게 큰 힘이 되어 마음의 평화와 희망을 줄 것이다.

팽돌이

찬바람이 등마루 언덕에 불어온다. 이제는 가을이 깊어가면서 겨울을 준비하라는 바람이 불어온다. 단풍이 짙어가면서 낙엽이 쌓인다. 어느덧 세월은 가는가 보다. 요즈음 무엇인가 쫓기듯 살아가니, 그만 팽돌이를 잊어버리고 말았다. 팽돌이는 그럴 것을 미리 알고 이사하자마자 자취를 감추었는지 모른다. 사람은 정든 사람과 동물을 쉽게 잊어버리는 동물인지 모른다. 팽돌이는 6여 년을 함께 한 우리 집 개이었다. 팽돌이, 평화가 돌아오라고 평돌이라 부르다, 발음하기 쉽게 팽돌이라고 불렀다. 내가 그렇게 부르니 식구들이 그렇게 따라 불렀고 그만 그것이 그의 이름이 되었다. 양평 처이모님 댁에서 데리고 온 강아지였다.

생후 몇 개월도 안돼서 묵동 우리 집으로 가져와서 키우기 시작하였다. 아이들이 중·고등학교 학창생활을 하는 동안 자녀 교육의 어려움이 있고, 나도 학교에서 힘들게 생활하는 동안에 어린 강아지는 우리와 함께 하였다. 우리는 함께 등산하며 다니기 좋았다. 그는 나의 친구가 되어 밤낮으로, 또 아침에 산을 찾을 때마다 동행하며 평화를 주었다. 전에 키우던 진순이나 통돌이보다 등치가 크지 않고 적으니 사람들이 무서워하지 않고 신경 쓰지 않아서 아주 좋았다. 그래서 작은 사람, 작은 것이 사람들에게 편안함과 평안을 주는구나 생각하며 적은 것에 대하여 사랑하며, 작은 것을 귀하게 여겨야겠다고 마음먹었다.

팽돌이를 여러 차례 잃어버렸다가 다시 찾은 경험이 있었다. 한 번은 슈퍼마켓을 가다가 그만 찻길로 들어갔다가 죽을 뻔 하기도 하였고, 육사 교회에 놀러갔다가 잃어버려서 한참 찾기도 하였다. 다시 찾기 위해 사람이 많은 곳에서 잃어버린 것을 생각하고 깜깜한 저녁때 그곳에 다시 갔다. 거기서 팽돌이를 부르니 다시 나타나 얼마나 반가웠는지 모른다. 양평 이모 집에 팽돌이 부모가 있는 고향 집에 찾아 갔더니, 엄마 개는 알아보는 것 같지만 수놈 아빠 개는 자식인지 알아보지 못하는 것 같았다. 환경이 다른 곳에서 사니, 핏줄인 줄 모른다. 동물적 본능으로 이상한 개가 오니 짖고 경계하는 것을 보면서, 그 개가 자신들의 견 가족 형제인데도 인지하지 못하니 동물의 가족 세계는 다른 가 보다. 그곳에서 결국 우리가 한눈을 팔고 우리 놀이에 집중하다 또 잊어버렸다. 또 저녁에 잃어버린 자리, 그 주위에서 이름을 부르며 찾으니 나중에 나타나서 찾게 되었다. 여러 번 반복되는 찾음에서 탕자를 찾은 아버지의 심정을 이해할 수 있게 하였다. 2년간 같이 살다가 묵동에서 동작동으로 이사를 갔다. 처음으로 부모로부터 경제적으로 독립하여 이사를 하니 아내는 너무나도 기뻐하는 것이었다. 조그만 전셋집이라도 그렇게 좋아 하는 것을 보았다.

우리 집 넷째 팽돌이도 따라 동작동 국립묘지의 뒷자락 동작 초등학교와 중학교 밑에 있는 보금자리로 이동하여야 했다. 팽돌이는 산에서의 생활이 너무 신나고 좋은 것 같았다. 때로는 명찰을 달아야 한다는 둥, 아랫집 늙은 주인개가 핍박을 해도 아랑곳하지 않고 명랑하게 동네를 휘젓고 다녔다. 우리가 동네로 올라오면 어디서 보았는지 쏜살같이 나타나서 우리를 반기고, 차를 타고 집을 나서려면 1km되는 먼 찻길까지 따라 나와 끝까지 좇아가려는 의지를 불태운다. 그러면 억지로 돌려보내면 알아서 신기하게 집으로 돌아갔다. 우리가 집에 돌아오면 산 어디선가 놀다가 우리를 맞이한다. 팽돌이는 야성을 가진 개로서 자유분방하게 생활하였다. 목줄을 매지 않고 생활하는 자유 견이었고, 동네에서 싸움 견으로 모든 개들에게 싸움을 먼저 거는 전투 견이었다. 그렇게 활달하고 달리기 선수인 동작의 개가 4년 만에 또 이사를 가야 했다.

이제는 내 직장 근처의 더 큰 집으로 이사를 갔지만 어찌 우리 집 귀염둥이는 전에처럼 활발하지 않았다. 우울해 보여서 더운 여름, 학교까지 팽돌이를 데리고 산으로 같이 등산을 하며 갔다가 어디엔가 두기가 어려워 연구실까지 데리고 갔다. 그러다 그곳에 있다 집으로 오곤 했다. 동네 집 앞에 음식점이 있고 마당은 컸지만 3 세대가 같이 생활하고 있어서 목줄을 묶어 키워야 하는 상태가 되었다. 이제 자유의 세월은 끝난 것 같았다. 하루는 운동을 시키러 나갔다가 발걸음이 그만 제자 교회에로 옮겨 10리 정도 길을 걸어갔다. 거기서 팽돌이와 노는 것을 좋아하는 10살

된 지영이에게 맡겨두고 수요예배를 드리려 예배당에 앉아 있었다. 나중에 나오니 팽돌이가 사라진 것이다. 아 아뿔사! 그렇게 팽돌이는 종적을 감춘 것이다.

그를 찾으러 얼마나 여러 날 헤매고 다녀도, 팽돌이는 나타나지 않고 아파트의 개들이 저녁에 응대해주듯 짓는 소리가 메아리쳐올 뿐이었다. 그는 영물(靈物)이라 주인의 사정을 알고 피해주었는지, 이렇게 빨리 그를 잊고 살아가다 글 부탁을 받고 글감을 생각하려니 너를 기억하게 되는구나. 아하 매정한 인생이여, 아내는 너를 뒤늦게 까지 오래 더 찾는 것을 본다. 여성들은 정이 더 오래가는 존재이구나 생각도 해본다. 지나가는 개만 보면 팽돌이 이름이 나오니 너는 아직도 사라지지 않고 우리 가슴에 남아 있어 부활하여 나타난다. 너를 보내고 석 달이 지난 이 가을에, 평화를 찾으러 다시 불러보지만 대답이 없는 너. 너의 자취를 그리워한다. 같은 동네 어느 하늘 아래 어딘가 있을 거라고 생각한다. 전에처럼 또 나타나리라 기대한다. 사람을 잃어버린 것을 찾으라는 하늘의 음성을 듣고 너를 찾기를 포기하였는데, 다시 네가 그리워지는 것은 웬일인지 모르겠다. 바람아 불어다오, 나의 마음을 전해다오, 더 애틋하게 사랑하지 못해 잊어버렸다고 전해다오, 이제는 다시 만나면 알뜰살뜰 사랑하며 세심하게 돌보아 주겠노라고 바람아 전해다오. 진정한 평화야 돌아오라.

가을

싸늘한 바람이 하늬바람을 밀고 가슴을 파고드는 계절이다. 산을 잊어버리기에는 때 이르다. 아직은 젊은 열기가 쉬 살아지지 않고 있다. 어느 때 부턴가, 산에 있어도 여러 상념들이 교차되면서 한동안 시감이 생각나지 않고, 수필 제목이 생각나지 않는 것이다. 여유가 없어지고 삶의 고난과 한숨이 커지니 깊은 호흡을 들어 내쉬는 작업만이라도 해야 했다. 산에 단풍이 지고 낙엽이 떨어질 때가 되니 시제가 없더라도, 그저 '가을'이라 제목을 붙이고 글감을 생각해야 살맛이 날 것 같다.

가을은 남자의 계절, 봄은 여자의 계절이라고 말한다. 가을엔 남자들이 민감해진다는 것인가. 봄은 생동하는 계절이며 만물이 죽었다가 소생하는 계절이라 여자들이 좋아하는 계절이라는 말인가. 한 여성은 낙엽이 지고 생존의 마감을 고하는 나무들의 모습을 보면서 중년의 남자들이 초조하며 가을을 탄다는 이야기를 한다. 그도 그럴 것이 만물이 자연의 법칙을 따라 생성과 소멸을 하는 때, 사라져 간다는 사실이 남성들에게 충격을 준다. 남자는 성취와 업적 지향적인 삶을 살아가다보니, 가을의 풍광이 충격적인 일로 다가와 무엇인가 서두르게 한다. 그래서 자연 속에서 안정을 찾게 하지 않는가 생각한다. 남자들 뿐 아니라 여자들도 남성성을 가지고 있어 같이 센치(sentimental)해지는 것은 또 무엇인가.

가을에는 무엇인가 인생을 생각하게 하는 이유가 있다. 자연의 소멸 현상에서 오는 일이 사람을 겸손하게 하고, 겸허한 자세로 인생을 관조하게 하며, 자연으로 돌아가고자 하는 욕망을 가지게 하니 좋은 계절이다. 초가을과 늦가을의 때를 구분하기 힘든 시기에 인생의 문제를 생각하게 한다. 인생은 누구나 겪어야 하는 일들이 동일하게 온다. 정도의 차이는 있지만 누구나 겪는 인생의 문제들이 있다. 이를 바람 잘 날 없다고 말해야 할지, 그에 따라 고난이 찾아온다고 해야 할까. 사람들은 고난과 고통이 커지면 자신의 생명에 대한 문제를 생각하고, 또 가족과 직장을 생각하며 비통에 빠지거나, 꿈 있는 미래를 생각하며 고난의 현실을 참고 살아가지 않나 생각한다. 여기서 종교를 선택하고, 신의 문제를 생각하며 고통의 멍에를 벗어나려고 한다.

한 가을날, 욥과 프로메테우스에게 가서 우리의 고통을 호소하자. 프로메테우스는 인간을 위해 온갖 좋은 일을 한 것이 빌미가 되어 제우스에게 미움을 산다. 이는 자신의 무지한 소치요, 선한 의지가 고난의 씨앗이 되어 고행의 발로가 된 것이다. 인간에게 불을 선물한 것이 자신의 앞날에 먹구름을 가져오리라 생각하지 못했다. 그 행위의 결과가 초래케 되는 것을 몰랐고, 결국 제우스에게 무서운 벌을 받게 된다. 코가서스 산에서 고통을 당해야 했다. 그것이 그의 고행의 길이었는지, 독수리는 프로메테우스의 간을 사정없이 쪼아서 육체적 고통을 최고로 달하게 한다. 간의 상실은 너무도 아픈 일이었다. 더욱이 판도라가 상자를 열자 온갖 질병과 미움, 거짓과 질투, 도둑질과 불행을 보여준다. 만약에 그러한 고통의 씨앗을 주지 않았다면 무시한 고뇌는 없었을 것이다. 또 산위에 고난자가 만들어 놓은 마지막 남긴 상자 안의 희망을 만들지 않았다면 인간은 고통을 극복하지 못하고 모두 지상을 떠나야 했을지 모를 일이다.

성서의 위인 욥은 동방의 의인이라 칭함을 받는다. 그 이름에서 이미 그는 큰 고통 받을 것을 예감한 것 같다. 고난이 인과응보의 결과라는 세 친구의 이야기에, 욥은 전혀 믿기지도 않고 이해되지도 않는다. 친구의 존재에 대한 회의를 가지게 된다. 그들과의 긴 대화는 의미 없이 감정을 상하게 하였다. 욥은 고난이 커서 그 끝이 보이지 않을 정도가 된다. 욥기를 읽다보면, 욥은 심봉사와 심청이에게 고통의 원인이 난해한 삶의 유전적 과정에서 나온 것이 아니냐고 묻고 있는 것 같다. 심봉사는 눈이 멀어서 광명한 세상을 바라보는 것이 소원이었다. 그래서 임당수 물에 공양미 300석, 자신의 몸을 파는 심청이의 효성 덕에 눈을 뜬다. 이것은 욥의 결국과 같이 행복한 결말로 끝나서, 두 이야기가 같은 경우가 아닌가 생각한다. 고행과 고난의 터널 끝에서 욥이 갑절의 복을 받는 것이 유사하다. 우리의 희로애락, 인생의 우환이 끝 날 즈음, 이 신비의 결말이 우리에게도 찾아오리라.

가을의 중턱에서 하늘의 소리를 보고, 사람의 애환과 몸짓을 듣는 작업을 바람과 산새소리를 따라가며 고난의 의미가 주는 깨달음을 알아보려한다. 가을에는 겸허한 마음으로 두 손을 모으고 기도하려 한다. 가을에는 날개 잃은 천사를 찾아서 아가페의 사랑을 전해주어야겠다. 동백꽃이 피기를 기다리며 겨울로 가는 길을 재촉하자. 추운 나라에서 따스한 이야기를 전해달라고 손짓을 한다. 그래 그 여로를 그리는 것이 올 해 남은 날들의 희망이 아니겠는가. 까치가 반긴다. 가자 동토로, 긴 여로를 위해. 가을 날 청명한 하늘처럼 푸른 꿈을 가지고 먼 나라로 사랑의 몸짓을 담아 여장(旅裝)을 챙기자. 가을볕이 따사롭게 비추어 온다. 그대여 가을이 보이지 않는가.

봄날의 인생 단상

산길에는 아카시아 눈꽃이 떨어져 발길에 차인다. 하얀 눈이 내려서 봄날에 웬 눈인가 생각 할 정도이다. 골목 어귀에는 장미꽃이 그 붉음을 뽐내고 가시를 숨기고 한 컷 그 향내를 내는 것이 아닌가. 이 꽃 두 종류가 눈길을 끄는 곳에서 장미 속에 한 찔레꽃 흰 송이가 유난히 빛을 발한다. 5월의 중턱에서 6월로 넘어가는 즈음에 장미꽃은 더 빨강 색 빛을 발하리라.

한강에 나가니 한강물이 역류하는 느낌이 든다. 서해 물이 한강을 거슬러 이포(여주)까지 역류한다는 지리학의 이론이 있다. 물론 주류의 물은 북한강에서 한강으로, 또 서해 바다로 흘러내려 갈 것이다. 그러면 한강의 물은 서로 다른 방향으로 엇갈려 흐르고 있는 것은 아닌가. 장마철에는 급히 바다로 물이 흘러가지만 평소에는 아래로 흐르는 물과 표면에서 흐르는 물, 주변부의 물이 다르게 흘러가지 않는가 생각하게 한다. 우리 인생도 어떤 한 방향으로 흘러가는 것 같지만 때론 우리 인생의 역류하는 삶의 이야기가 있다.

그것을 고뇌라고 하고, 인생의 문제라고 하고, 알 수 없는 인간

관계라고 하여야 하리라. 알 수 없는 사건이 우리를 이끌어 가는 것을 보게 된다. 장미에 가시가 있는가. 자기 보호 본능이라고 말하지만 아름다운 것에는 가시가 있어서 자신의 생존가치를 지키는 것이라 말한다. 우리 인생도 무엇인가 생존의 가시를 가지고 치열하게 싸우고 자신을 지키기 위해 보호막을 치는 것은 아닌가 생각이 든다.

내 아내는 신체 기능상, 약한 육체적 상태에서 보호 기능을 갖기 위해 보호막을 가지고 있다고 한다. 보호에 단련된 신체가 먼저 피곤이 몰려오면 그것을 막기 위해 긴장을 풀고 육체 쉼터로 간다고 한다. 인간의 조직 생활과 사회 구조 속에 역학관계도 보호막을 치며 생존의 몸부림을 치는 모습들을 본다. 인간의 군상(群像)은 장미꽃의 가시만큼이나 자신들의 속내를 보이지 않고 위장을 하는 법을 잘 배우는 모습이다. 그들은 한강에 가서 물의 흐름을 보면서 자신들이 인생의 흐름에서 역류하는지 서해 바다로 흐르고 있는지 살펴보아야 하리라.

내 인생의 흐름에서 나의 좌표는 어디인지, 나는 지금 어디에서 있는지, 내 직무가 무엇이며 성직(聖職)에 대한 생각을 하고 있는지 물어본다. 내 일에 사명감을 갖고 임하며 거룩한 뜻을 받들어 성실히 내 직무를 수행하고 있는지 살펴본다. 붉은 빛 장미가 그 색을 창연하게 돋우며 말을 걸어올 때 나도 내 정열을 다하고 있노라고 응대하리라. 가시에 눌린 마음으로 아카시아 향기를 맡지 못하고 떨어진 잎을 밟으며 자연으로 돌아가는 열매의 추락을 안타깝게 생각하면서도 나의 운명과 앞날은 생각하지 않는다.

오늘은 한강변에 홀로 나서지 않는다. 아내와 손잡고 나서며 사랑을 이야기 한다. 어제는 앞서서 발걸음을 가진 것을 못내 미안해하며 내일은 도란도란 대화를 하며 한강의 흐름을 다시 묻고 장미꽃 사이에 핀 그 흰 꽃을 다시 물어보리라. 큰 강물을 보고 돌아오는 길은 갈 때와는 다른 한껏 상쾌한 기분이다. 쌩쌩 달리는 차량들도, 휙휙 뽐내는 자전거 행렬도 무심히 지나쳐서 유유히 흐르는 한강물의 변화를 감지 못하는 것을 본다. 우리는 그 물결의 변화를 보면서 인생의 기쁨을 나눈다. 다정한 비둘기의 대화를 들으며 웃음을 한 움큼 담고 가볍게 집으로 향한다.

아침 단상

아침 햇살에 장미꽃이 붉다. 산속으로 들어오니 봄비에 아카시아 꽃이 떨어져 흰 눈이 내린 듯 아카시아 눈길을 걷는 듯 정결한 마음을 갖는다. 매봉산은 세월의 흐름에 따라 인적이 많아졌다. 나이 든 분들이 웰빙의 바람을 타고 산으로 찾아들고, 건강한 삶을 위해 아줌마 부대들이 산보를 하며 자녀들 교육이야기를 하며 재잘 거리는 것은 새소리들 울리는 듯하다.

산을 타면서 드는 생각들이 있다. 일상적 잡념들 속에 시상을 잃고 살아가는 나날들이다. 종교적인 생각도 일상의 사건들 속에 파묻히고, 사람의 움직임 속에 같이 편승하여 살아가는 느낌이다. 직장 일, 나에게는 학교 직무가 보직의 일로 사람들 간의 이해관계들이 얽히면서 갈등을 일으키기도 하고 신경을 써야 하는 문제이지만 멀리 바라보며 생각의 가닥들을 다시 가다듬는다. 시간이 문제를 해결할 거라는 바람을 가지며 절대자에게 묻는다. 그 일상에서 잠깐 생각을 정리하기도 하고 염원을 빌며 잘 양보하며 풀어지기를 바라기도 한다.

인간의 문제는 나의 관심사와 가정의 일, 가족사의 관계, 직장 삶의 일터에서 벌어지는 일이다. 현대는 점점 더 가정이 해체되고 있고, 인간성 자체도 모호해지고, 복잡한 구조가 되었다. 컴퓨터 세계에서 인간의 활동영역은 더 가상의 세계로 들어가게 하고 다른 허상의 세계를 더 만들고 있는 것이 오늘 사람들의 모습이다. 인간사회의 문제는 대화부재에서 오는 것인데, 그리고 어느 순간 관계의 해체에서 오는 것인데, 이를 해결하는 열쇠가 무엇일까.

며칠 전 도봉산 은석암에 갔을 때 일이다. 산에서 내려오는 때, 한 분이 말동무가 되자고 옆으로 다가와 여러 말을 던진다. 무리와 함께 산행을 하다가 혼자 내려오는 사람을 보면서 말을 건네는 것이다. 나는 듣기를 좋아하니 자연 그 노년의 신사가 하는 말을 듣기에 바빴다. 의사 동생과 함께 산행을 한다는 그 분은, 34년간 건축 일을 하다가 지금은 파고다 공원에 다니며 소일을 한다고 솔직히 신분을 말한다. 그는 여러 말을 하면서 도사(道師)의 말투로 말한다. 바위에서 떨어지는 물의 모습을 보여주면서 무엇을 닮았지 않느냐고 물어보기도 하며, 건축에 있어서는 먹물이 제일 중요한데 먹줄이 튀겨야 도면이 그려지고 건축이 시작되어 건물이 지어지게 된다는 것이다. 그리고 추가 움직여야 기준을 잡게 된다고, 모든 일의 중심이 그렇다는 것이었다.

그는 40세에 인생이 무엇인지 알고 싶어 전국을 돌아다니며 내린 결론은 '불참예사'라는 것이다. 그리고 또 네 단어를 말했는데, 그것은 잃어버렸다. 불교는 '참아라.'는 말이 결론이고, 예수 기독교는 사랑이라는 것이다. 일리가 있는 말이라 생각했다. 여러 말들을 듣는 중에 우리 인생은 '길동무'라는 말이 마음에 와 닿았다. 내 마음의 화두 '사랑'은 전하지 못했지만 한 인간을 깊이 이해하고 사랑하는 길은 참으로 힘들고 어려운 천로역정(天路歷程)이라고 알리고 싶었다.

그 은석암 길동무와 같은 사람들을 앞으로 무수히 많이 만나게 될 것이다. 나는 매봉산에 홀로 학교 산등성이 길을 걸어 출근한다. 오늘의 화제와 인물은 누구일까, 하늘이 오늘은 나에게 뭐라고 하시는가. 이제 어떻게 먹줄을 잡아야 하는가. 추를 누가 내려야 하는가. 장미꽃 색이 바래지는 것을 보면서 학교 신축공사장의 먼지가 쌓이는 것을 보며 학교 본관으로 발걸음을 옮긴다. 과연 오늘은 얼마나 참는 일을 잘하고 얼마나 사랑할 수 있을지 자문하면서 석양이 돋보이는 사무실로 올라간다.

한강 비둘기

봄바람이 한강으로 불어온다. 답답한 가슴을 달래는 산책을 하고 싶을 때 나서는 곳이 있다. 바로 수수만년 서해로 흘렀을 한강으로 간다. 등촌동에서 가양동 하수처리장을 지나 공원을 가로질러 한강 자전거 도로로 나서면 뻥 뚫린 한강의 전경이 보인다. 자전거 도로를 걷다가 보면 흐르는 물을 가까이서 보기 위해 시멘트 밑 길을 걸을 수 있다. 사람들은 그곳이 위험해서 걸을 엄두도 내지 못한다. 하지만 수영에 자신이 있기도 하고 물 가까이서 흐름을 보고 싶어서 바로 옆 한강을 끼고 걷는다. 간혹 낚시하는 사람들과 마음을 달래려 앉아 있는 사람과 마주치게 된다.

한강 길을 가면서 동무들을 본다. 가장 먼저 비둘기가 찾아온다. 비둘기 두 마리가 정겹게 나를 맞이한다. “왜, 너 혼자 산책하고 있니, 우리는 늘 둘이서 여행을 한다.” “내 아내는 산책하는 것을 좋아하지 않아, 집에 있는 것을 좋아해.” “그래도 같이 가자고 설득해야지.” “다음에는 그렇게 말해 볼께.” 보랏빛에 청황색이 뚜렷이 있는 암컷이 우아하게 있고 수컷은 부지런히 먹이거리를 찾는 것이 보였다. 내가 멈추어 섰다가 대화를 끝내니 조금 멀리 여주인 비둘기가 날아간다. 뒤따라 암컷은 힘차게 날아가는 것이었다. 또 한쪽에는 오리 한 마리가 물속에 잠겼다가 다시 일어나 유유히 물길을 가르며 드넓은 한강을 노닐고 있었다. 한강은 큰 강이라는 말뜻을 가지고 있다고 말하면서 그는 이 강에서 자연의 순리를 따라 산다고 말하고 있었다.

또 하늘을 보니 철새들이 떼를 지어 30마리 정도가 일자를 그리다가 브이(V)자(字)를 그리며 저 하늘 높이 날아가는 것이었다. 점이 되어 사라질 때까지 지켜보니 어느새 저쪽에서 일군(一群)의 철새가 또 날아오는 것이었다. 오순도순이야기 하며 날아가는 모습이 아름다운 인간관계를 유지하며 살아가는 사람들처럼 보였다. 자유를 위해 비상하며 생존을 위해 뭉쳐서 한 곳을 향하여 날아가는 것은 신비한 것이었다. 새들의 행진을 하고 있는지 봄철 따뜻한 날씨에 한강 물 위로 낮게 날아가는 참새 종류의 새들이 서너 마리 날아가고 있었다. 겨울의 앙상한 가지만이 남아 있어서 한강변의 나의 아슬아슬한 산책을 가능하게 하였다.

저마다 자전거와 인라인 스케이팅을 탄 사람들이 하이킹을 즐기며 한강변을 달리고 부부와 모녀, 부자가 산책하는 것을 바라본다. 나는 천천히 한강 물이 흐르는 곳과 땅의 경계에서 서서 다시 길을 거슬러 올라간다. 다시 올라가는 길에 아까 있던 그 비둘기 부부가 그 자리에 그대로 있는 것이 아닌가. 꽤 시간이 흘렀을텐데, 그 자리에서 나를 기다렸다는 듯이 한참을 나와 셋이 대면을 하며 침묵의 대화를 하고 자기의 집 방향, 치현 마을을 향하여 날아가는 것이었다. 나는 어렸을 때 한강변에 나와서 놀았던 잠실과 천호동 방향의 한강을 거슬러 올라가면서 세월의 흐름을 즐긴다. 또 흐르는 물의 무게만큼 인생의 흐름을 가늠하고 있었다. 이 물이 얼어서 겨울 놀이의 장이 제공되던 어린 시절 스케이트장을 떠올리다가, 한 여름 홍수가 나서 풍납동 우리 마을, 학교, 방, 집을 뒤덮던 그 물 생각이 나기도 하였다. 물놀이 하러 강나루 모래사장으로 가던 생각도 났다. 워커힐 산등성에 있던 성동초등학교 자리에서 귀가하던 길이 생각났다. 일제시대 지은 한강 다리로 걸어오다가 다리에서 한강으로 난 계단 길로 내려와 풍납토성을 지나 풍납동 집으로 가던 길을 떠올리기도 하였다.

세월의 흐름을 거슬러 올라가는 틈에 봄 길을 즐기는 사람들이 지나간다. 길을 조금 더 걸어 올라가니 다른 비둘기 두 마리가 눈에 띄었다. 가양대교 인터체인지 위 철판에서 암수 두 마리가 나를 보더니 머리를 맴돌며 무엇인가 말을 거는 것 같았다. 사랑하는 사람들과 아가페 사랑을 맺으며 먼 길을 가는 인생의 동반자가 되라고 말하는 것이었다. 진리의 도상(途上)에서 길 잃은 사람들과 날개 잃은 천사들의 친구가 되어서 그들이 새 하늘로 날개 짓을 지치며 오를 수 있도록 해보라고 속삭이는 것 같았다. 비둘기 두 마리의 다른 두 번의 만남을 뒤로 하며 짧은 한강 나들이를 거두고 나의 집 안 비둘기가 부르는 소리를 듣고 시장 바구니를 들고 그리로 향하고 있었다.

클로버 꽃

한 차례 장맛비가 내리면 시원할 찜통 날씨이다. 아침에 산을 오르면 유난히 눈에 들어오는 꽃이 있다. 나리꽃이 예쁘게 다가와도 그렇게 눈길과 마음을 끌지 못한다. 유독 토끼풀, 세 잎 클로버에 눈길이 간다. 네 잎 클로버를 찾으려 해도 내가 볼 때마다 클로버는 네 잎으로 다가오지 않는다.

왜 네 잎 클로버, 그 행운으로 다가오지 않는가. 자문하면서 산길을 오른다. 평범한 클로버는 행복을 의미하고, 네 잎 클로버는 행운을 말한다는 것이다. 일상에서 쉽게 보는 것, 평이한 것이 바로 우리의 행복이라는 것이다. 하지만 특별한 현상이 나타나는 때 그것은 희귀한 4잎 클로버처럼 특이한 것이 바로 행운이라는 것이다. 클로버의 꽃 샘 말이 행복이고, 특별한 네 잎은 행운이고, 다섯 클로버는 악운(惡運)을 말한다고 하니, 악운을 말하는 다섯 클로버는 처음 듣는 말이라서 그렇게 우리 일상에 흔치 않는 일일 것이다.

왜 나폴레옹이야기와 클로버와 연관을 짓는지, 네 잎 클로버가 신기해서 고개를 숙이는 순간 총알이 날아가서 생명을 구했다는 일화가 전해지고 있다. 죽음 가까이에 사는 전쟁터 사나이에게 행운은 절실하다는 것, 영웅들은 위기와 위험의 순간을 잘 극복하고 살아가는 존재이기에 네 잎 클로버가 필요할 것이다. 흔하지 않는 희귀한 네 잎 클로버는 아직도 내 곁에 다가오지 않고 있으니 나는 참으로 행운이 없는 사람인지 모르겠다. 하지만 산을 오를 때 마다 드는 생각은 평범하고 흔한 세 잎 클로버가 더 친근하게 다가오는 것은 웬일인지 모르겠다. 그러다가도 나도 뜻밖의 횡재, 네 잎 클로버를 만나고 싶은 것은 참으로 간사한 인간의 마음이 아닌가 하고 생각하면서 토끼풀 군락을 지나가게 된다.

토끼들이 잘 먹는 풀이라 클로버를 토끼풀이라 불렀다는 말이 있다. 아일랜드 국화가 클로버라는 것이다. 성부, 성자와 성령의 세 잎 클로버가 사단과 마귀를 막아주는 아름다운 미신이 있다고 한다. 일상에서 종교의미를 가지고 행복을 찾는 아일랜드 사람들에게도 네 잎은 행운을 의미하고, 너무 많은 다섯 잎은 악운을 상징한다는 것이다. 매일의 삶에서 어떤 클로버를 만날까 기대하며 사는 것이 우리들이 아닌가. 평범한 일상 속에서 행복을 찾고 한 번도 만나지 못한 행운이 혹 오더라도 늘 보던 세 잎으로 대하고, 행복과 행운 사이에 별 차이 없이 덤덤하게 신이 준 기회를 맞이한다면, 우리의 삶은 행복해질 것이다. 그리고 불행하게 살아가는 사람들에게 다섯 클로버의 사람들에게는 욕심이 과해서 온 결과라고 일러주면서 세 잎으로 살자고 은근히 건네는 아량을 발휘하라는 소리가 산등성이 에서 있다.

아낙네의 일상 이야기들이 오늘따라 흥겨운 피리소리로 들리는 것은 신기한 일이다. 땀이 차서 내려오는 직장 근처 풀들이 모두 클로버로 보이는 것은 이상한 현상이다. 모든 나무들이 하나같이 황제 나무로 보이지 않고, 영웅 풀로 보이지 않는 것은 바로 세 잎 클로버의 비밀을 깨우친 명상의 산책 결과인지 모르겠다. 나폴레옹을 거명하지 않아도 토끼풀을 말하지 않아도, 세 잎 네 잎 다섯 잎, 숫자를 세지 않아도 클로버는 그저 이 계절을 즐기며 다른 풀과 나무, 벌레와 새 소리와 어울려 찬미하고 있으니 얼마나 좋지 않은가!

대학이 구조조정이다, 성과급이다. 생존 무한 경쟁의 급변하는 사회라고 말하는 현실에서 클로버의 인생을 살펴보면 지혜가 있지 않을까 생각한다. 네 잎 클로버는 돌연변이의 한 줄기에서 두 개, 세 개, 다섯 개, 여덟 개의 쌍으로 달려 있는 그림이 있는 것을 보면서 놀라지 않을 수 없었다. 그리고 하얀 클로버도 보이는 것이다. 어느 사회나 특이한 사람들이 함께 모여 있는 기이한 현상을 그 집단에서 볼 수 있다는 것이다. 다른 곳에서는 볼 수 없는 대량의 기현상 말이다. 인간과 사회의 관계가 클로버 현상처럼 행복하고 행운이 곁들이기를 바란다.

함께 모인 사람들 사이에 행운의 군락이 지고 초자연적인 클로버 세상이 펼쳐지면 인간이 불안하고 초조하던 일들이 사라지게 될 것이다. 그 때는 클로버를 사서 몸에 지니고 다니지 않아도 될 것이다. 그저 자연 속에 바라보는 클로버가 가장 아름답게 보일 것이다. 우리도 자연에서 와서 자연으로 돌아가는 존재가 되어 세 잎 클로버의 평범한 인생에서 네 잎 클로버의 인도함을 받는 삶이었다고 말하자. 이제 번식을 좋아하는 토끼가 더 이상 보이지 않는다. 산 아래로 내려가라고 새들이 짹짹거린다. 그럼 클로버야, 내일 보자.

곤파스

세월이 갈수록 자연재해의 크기는 가공할 만큼 커서 그 피해가 엄청나다. 올해 느끼는 태풍의 위력은 그 강도가 너무 컸다. 내가 다니는 앞산 봉제산과 뒷산 우장산, 그 산 주위에 있는 많은 나무들이, 산의 1/5정도 나무가 쓰러져서 뿌리가 뽑혀 나동그래진 모습은 가히 놀라지 않을 수 없게 하였다. 어떻게 이런 바람이 불 수 있을까, 늘 다니는 등산로에 널려 있는 나무들의 엎어져 있는 모습은 보지 않는 사람들은 알 수 없는 경이롭고, 무서움 그 자체이었다.

종말의 날이 다가 왔는가. 연설할 기회가 있으면 누구든지 이 사건이 연상되어 성경에 있는 노아 홍수 사건을 이야기 하게 되었다. 60억 인구를 홍수로 다 몰아간 사건, 1년 여 간 비가 와서 지구에 있는 모든 것이 물에 쓸려가고 잠긴 사건 말이다. 곤파스는 그렇게 노아의 홍수와 같은 충격을 주었다. 우리 집 옥상에 있는 집 창문 유리창이 깨져서 새벽에 일어나 빗자루로 유리를 쓸어 담았다. 비바람이 무섭게도 부는 동안 깨진 유리를 담으면서 생각이 드는 것은 이 일이 귀찮은 것 보다, 왜 우리 집 유리창이 깨진 것인가 생각하게 되었다. 학교에 가니 학생들은 전철이 끊겨서 못 온다는 것이다. 학부모는 전화해서 태풍으로 집에 피해가 나서 학교에 못 보냈다는 소식도 있다. 학생들에게는 '회개하라는 말이 그날의 화두였다'. 나부터 회개할 일이 많았지만 말이다. 강단에 섰다는 것이 그렇게 말하게 하는 것이었다.

2010년 제7호 태풍 곤파스(KOMPASU), 그것은 위력적이었다. 곤파스의 의미는 일본에서 제출한 이름으로 컴퍼스를 의미한다. 이 태풍은 서해안 쪽에서 한반도를 강타하여 엄청난 피해를 주고 9월 3일 오전 3시 청진 동쪽 약 400km 부근 해상에서 소멸하였다. 컴퍼스는 '원 또는 원호를 그릴 때 쓰는 기구'이다. 연필용과 먹물용이 있으며 크기는 큰 것, 중간 것, 작은 것 등이 있다. 이 제도용과, 수학 시간에 썼던 이 컴퍼스는 무엇을 나누고 그리는데 사용되는 것이다. 왜 일본 사람은 이 용어를 사용하였을까. 수필가의 눈과 문학적 질문은 가만히 있지 않는다. 산위에 누운 나무들은 그만 톱으로 썰려 땅에서 분리되어야 할 지경이고, 반대로 남은 뿌리 깊은 나무들은 계속 땅으로부터 오는 수분으로 생명을 연장할 수 있는 것이다.

요즈음 계속 산에 오르면 이 쓰러진 나무로 인해 통쾌한 마음을 가지다가도, 왠지 을씨년스러운 것이 더 많은 것은 왜 그런가. 현실이 못마땅하게 느껴지며 쓰러진 나무들이 못된 사람과 현실의 벽처럼 느껴져 동일시되어 보이는 것은 왠 카타르시스인가. 그러다가도 나도 저렇게 넘어지지 않을까, 생각하면 왠지 마음을 다시 추스르게 되고 불안한 마음을 가지고 산을 내려올 수밖에 없다. 나무 머리채가 흙과 함께 드러난 모습은 어찌하여 보기 좋지 않은 모습이다. 이런 모습을 평소에 보지 못하다가 산에만 가면 보이니, 어쩐 영문인지 그래 기분이 평온해지지 않는다. 동네 산을 가지 말아야 할 것 같다. 노아의 홍수와 방주를 생각하는 것도 이제 생각의 소재가 되지 못할 때가 오고 있다. 창조의 시간을 만들어야 할 때가 가까이 오지 않을까.

곤파스가 불어온 지 얼마 후 추석전날, 짧은 시간에 비가 150mm가 서울 시내에 내려 물난리를 겪은 것을 보게 되었다. 어렸을 때 한강이 범람하여 풍납동 일대가 난리가 났던 것과 유사하였다. 거듭된 피해에 재앙의 날이 다가오고 있음을 생각하지 않을 수 없었다. 지금까지 본 영화가 생각났다. 〈대일본 침몰〉, 〈미국 대침몰〉, 〈에이리언 2020년〉, 〈해운대〉, 〈에반스 올 마이티〉, 〈토네이도 인 뉴욕〉 등등 영화가 종말론적 사건을 생각나게 하며 마지막 지구의 운명을 점치고 있다. 마지막 날이 다가오는 것은 확실한데, 나는 무엇을 해야 하고, 무엇을 위해 기도해야 하는가. 내일 지구의 종말이 오더라도 한 그루의 나무를 심겠다는 스피노자의 고백을 다시 해야 하는가. 아직도 곤파스로 인한 나무 잠자기는 나의 뇌리에서 떠나지 않고 오늘도 뒤따라오고 있다. 방주를 만들지 않으면 잠이 오지 않을 것 같다. 오늘의 방주를 짓기 위해 빨리 귀가하려고 서두르고 있다.

제3부

문학과 한반도

문학과 인생

글 바람이 부니 인간이 움직이고 말하고, 사람이 문학을 하고 인생을 논한다.

삶에는 산과 바람이 있고, 구름과 하늘이 있다. 나무와 꽃, 인간과 동물이 있고, 별과 달, 해가 있어서 문학의 소재는 풍부하여 항상 이야기 하고 작품을 구상할 수 있다. 더욱이 자연이 인간과 더불어 다양한 주제로 이야기 할 수 있다. 한국의 지형과 기후, 문화와 역사, 사람이 있어서 독특한 문학을 이야기 할 수 있고 한국의 정감어린 문학을 전개할 수 있다.

많은 사람들이 문학을 한다고 시와 수필, 소설과 희극, 동화 등 자신의 취향에 따라 문학의 여러 장르를 선택하여 자신의 문학세계를 펼치며 의미 있게 살아간다. 나도 문학하는 사람이라고 생각하고 문학을 하지 않았지만, 늘 인간이 무엇이냐는 질문 속에서 문학 담론에 귀 기울였다. 문학이 문제 삼는 화제와 담론들, 작가들과 작품들에 관심을 갖고, 또 여러 가지 흥미 있는 스토리를 전해주었다. 결국 인간의 본질이 무엇이냐는 문제에 가서는 명쾌한 답을 내놓는 것을 아직 보지 못했다. 작가 자신의 한 관점을 가질 뿐 딱히 이것이다 명답을 제시한 문학가를 딱히 들 수 가 없다. 도스예프스키나 톨스토이, 헤밍웨이, 괴테, 김동인, 김동리, 이광수, 황순원, 황석영, 고은, 윤동주, 이상, 천병상 등 여러 문인들이 자신의 삶과 문학세계를 전개 하였다. 그들의 문학 세계가 나 자신과 똑같은 정황을 가지고 생각하고 표현한 이야기라고 말할 수 있으랴. 어느 누구의 문학이 나와 같은 인간을 잘 설명해주고 있는지, 유명한 문학가의 작품이 나의 이야기를 정확히 말하고 있는 것이 있을까. 우리 인간의 상황과 본성을 적나라하게 드러내고 있는지, 그 작품이 어느 것인가.

키에르케고르, 김현승, 강은교, 이해인, 서정주, 김은국, 조성기 등이 내 취향에 맞는 문학을 하고 있다고 말할 수 있지만 그들이 전부라고 말할 수 없는 것이다. 자신의 문학 세계는 자신이 어떠한 형태든지 하고 있는 것이다. 오늘처럼 디지털 시대에는 컴퓨터 문학을 모두가 하고 있는 것이다. 한글 바로 쓰기 문화에 맞추어 우리 글 정신을 빛내는 문학을 하는지, 세속적 가치와 문화를 추구하는 삶을 살아가는지, 그것은 자신이 추구하는 문학 이데올로기에 따라 다른 것이다. 참된 문학 세계를 구가하며 살아가는 것은 우리 모두의 문학적 과제이다.

사람은 어떻게 문학을 하는가. 문학은 진리와 자유, 사랑과 인간성 추구의 미학이 있어서 예술성과 문법성이 동시에 포함되어 있다. 참다운 삶을 이야기하고, 인간 자유의 정신을 발현하고, 인간 안에 있는 진정한 휴머니티를 창출하는 것, 이런 글에서 밝은 사회를 만들어 가는 작업이 참 문학이다. 인간의 자비와 사랑, 인애(仁愛)가 있는 글들이 바른 문학성을 추구하는 작업이다. 이것이 우리가 사는 날 동안 글이 무엇인지 알고, 글 정신을 갖고 문예세계를 펼치는 문필가들이 해야 하는 작업이다. 모든 사람들은 이 문학 활동을 하고 있는 것이다. 그래서 인간은 모두 문학적 동물이라고 할 수 있다. 매일 글을 접하고 글을 읽고 쓰는 사람들은 이 문학세계를 펼치고 있는 것이다.

문학(文學)은 인간이 무엇인가를 연구하는 학문이라고 하면, 신학(神學)은 신(하나님)을 연구하는 학문이다. 하지만, 그 신의 속성을 인간 안에서 찾을 수 있기 때문에 신학은 인간학이라고 할 수 있다. 인간은 무엇인가 라는 문제로부터 문학적 질문은 시작한다고 볼 수 있다. 인간은 살면서 느끼는 희노애락의 사건을 자신의 감정과 의지, 생각과 상상으로 펼치며 자신의 삶의 관점에서 나름대로 용해된 이해를 통해 살아가는 존재이다. 인간의 일생이 짧거나 길거나 차이가 있고, 생의 주기가 다르더라도 자신의 삶에서 신의 성품, 신성(神性)을 찾아내고, 참 신을 찾아가는 과정에 있는 사람은 생의 진실한 의미를 깨닫고 인생에 일어나는 사건을 대하는 것이 여느 사람과는 짐짓 다르다. 삶에 임하는 태도가 다르며 아무 생각 없이 살아가는 사람과 성품과 인격이 달라서 행복과 불행의 결과가 다르게 나타날 것이다. 인체의 건강과 수명에 영향을 미칠 것이며 내세에 대한 신념도 제각기 다르게 나타날 것이다.

문학은 이 인간됨의 심층적 차원을 살피며 자신의 삶과 그 의미와 행복을 진지하게 추구하게 한다. 신학은 문학에 많은 답을 준다. 왜냐하면 신을 이야기할 때 그 신속에 인간의 내면과 본질을 표현하고 있고, 우리 심성의 일부를 나타내고 있기 때문이다. 물론 천지를 창조하신 창조주와 인간을 창조하신 창조자는 있을 것이다. 그 자연 질서 속에서 보이지 않는 신을 어디서 찾느냐 하는 것, 이 어려운 문제를 찾는 것은 인류의 숙제이었다. 이것을 찾아 헤맸던 선구자들이 있다. 원효와 의상, 한용운, 정약용, 이이, 이익 등이다. 근대에 들어서 기독교 사상가들, 김교신, 유영모, 함석헌, 유동식 등 기독교 철학자들이 난제(難題)를 푸는데 일조를 하였다. 지금도 수많은 종교가들이 좋은 답을 찾으려 애쓰고 있다. 이 신학적 작업이 인간의 문제를 표현해주는 문학적 장르와 상상의 글로 표현하는 문학의 세계에 많은 도움을 주고 있다. 문학 사상적 차원에서 문학과 역사, 철학과 신학은 통하는 바가 많다. 즉, 이 인문학은 인간의 본성이 무엇이냐 궁구하며, 또 사회적 존재이며 신을 찾는 종교적 존재라는 사실들을 연구하기 때문이다. 따라서 허구와 상상으로 인간의 의미를 묻고 답하는 과정에서 진정한 인간의 자아를 찾을 수 있는 문학이 진정한 문학이라고 볼 수 있다.

이것이 바로 문학이 추구하는 예술성이 아니고 무엇인가. 예술은 영원하다는 정의처럼 영구적 특성을 갖기에 좋은 문학은 바로 예술성이 풍부하다. 인간이 영원히 존재할 수 있는 영원성은 문학의 예술성에서 찾을 수 있다. 인간은 사라지고 없어져도 가치 있고 예술적인 문학 작품은 남아 영원히 사람들의 기억과 마음속에 재현될 수 있다. 명작은 작품부활의 근원이 되어 마르지 않는

샘물처럼 글이 살아난다.

문학하는 즐거움 중 하나는 친구와 함께 문학하는 것에도 있다. 글동무들이 있어 글을 읽어주고 비평해주고 교정도 봐주고 글을 주제로 대화할 수 있다. 글 동인(同人)이 있어서 재미있게 문학 활동을 할 수 있어서 문학의 깊이를 더할 수 있게 된다. 문학은 사제지간을 통해 문학의 진정한 세계가 이어진다. 누가 선생이고 스승이냐 하는 것이 중요하다. 바른 인격적 관계에서 문학은 바로 좋은 작품으로 나올 수 있기에 동인(同人)과 문하(門下)생은 중요한 요소이다. 붕우문이(朋友文以), 친구는 문학으로써 사귄다는 말이 있다. 문학하는 친구야 말로 진실한 친구가 아닐 수 없다. 인생의 고락 간 동고동락하며 글 자리에 불러 주시는 선생님이 계셔서 문학의 세계로 갈 수 있어서 즐겁고 행복하다. 언제나 문학 동지나 동인, 선생님이 불러 주시면 즉시 달려간다. 거기는 참 인간미가 있고, 영원한 예술이 있고, 멋을 이야기할 수 있는 풍류(風流)가 있어서 좋다. 오늘도 이 부름에 응답하고 오니 마음은 날아갈 듯하다. 작품의 질이 어찌됐건 자리에 갔다 오면 글감이 생각나고 글 하나가 써지니 뿌듯하다. 작가(作家)가 될 수 있고 수필가, 문학가라고 칭함을 받을 수 있어서 좋지 않는가. 도연명, 두보, 이태백, 피천득의 명성이 부럽지 않으니 어찌된 일이랴. 좋은 새 문학의 바람아 불어다오.

내가 사랑하는 한 책

어김없이 동창이 밝아온다. 강렬한 태양빛이 동쪽에서 나를 향하여 비춘다. 어디서부터 오는 빛인가. 추운 날에 맛보는 빛은 눈살을 찌푸리게 하지만 왠지 기분은 좋게 한다. 언제부터 성경이 나의 인생의 큰 자리를 차지하게 되었는지, 성경책이 내 인생의 연인이 되고 위로가 되고 희망이 되고 평안의 안식 터가 되었는가. 한번 물어보고 지나갈 문제이다. 지금 성경을 가르치고 있고, 성경책 덕분에 먹고사는 직업을 가지게 되었으니 성경은 나에게 너무도 큰 의미를 지닌 존재가 되었다.

중학교 때부터 성경이 나의 스승이 된 것 같다. 아버지가 졸업식 선물이라고 한자 성경을 사 주신 것이 계기가 되어 한자를 터득하는 재미로 성경을 보기 시작하게 된 것이다. 어렸을 때부터 주일학교에 강제로 교회 나가라고 하니 어쩔 수 없이 나가게 되면서 그렇게 큰 의미를 갖지 못하였는데, 모르는 한자 성경을 교회 예배당에 가지고 다니면서 지적 호기심이 생겨 한자를 하나 둘씩 알아가는 재미로 성경을 보기 시작하였다. 하지만 청소년 반항기를 거치면서 성경 이야기를 들으면서 삐딱하게 보고 질문하는 버릇이 생겼다.

과연 하나님이 천지를 창조하셨는가. 왜 선악과를 만들어 인간이 죄를 짓게 하고 고생하게 하였는가. 하나님은 의로우신 분인가. 그렇다고 하면 왜 인간 세상에 불의와 부정이 존재하고 악인이 세상을 지배하고 그들이 더 잘 살고 있는가. 등등 교회에서 듣는 성경 이야기는 나의 불만의 대상이었고 속으로 항상 반문하는 습관을 가지면서 부조리한 현실에 대하여 반항하는 도구가 되었다.

그러던 청소년기에 한 성경 공부시간에 여선생님을 만나게 된다. 그 분과의 성경 공부가 나의 지적인 반항을 무력하게 하고 사랑하는 마음을 갖게 하면서 성경은 머리로 읽는 것이 아니라 가슴으로 읽는 것이라는 사실을 알게 되었던 것 같다. 성경이 하나님 사랑의 연애 편지라는 사실을 깨닫게 되는 계기가 되었다. 에로스(육체적) 사랑, 필리아(친구간의 우정) 사랑, 아가페(하나님, 부모님)의 사랑을 깨닫기 전에 흠모와 연인의 사랑을 품게 되면서 성경이야기는 다가오지 않고, 신학교에 가서 성경을 신학적으로 공부하면서 지적인 작업도 계속되었다. 머리로 읽는 성경, 아니 성경은 읽지 않고 신학 이론을 따지는 신학도가 되버린 것이다. 결국 성경이 학문의 대상이 되고 연구의 대상이 되었고, 구약학을 연구하는 학자의 길로 들어서게 된 것이다. 가슴으로 읽기에는 성경이 멀어보였다.

인생과 고난, 가정과 교회, 국가와 민족, 세계와 선교 등의 문제들이 나에게 현실적으로 피부에 와 닿았을 때, 따뜻한 마음으로 읽어야 성경이 하나님의 음성으로 들리게 되었다. 아는 형이 나는 잠잘 때 성경책을 껴안고 잔다는 말을 듣고 아, 성경책은 가슴에 껴안고 자는 것이구나 생각하였다. 그 형이 어느 날 한 고뇌에 차서 마지못해 살아가는 듯한 사람에게 그 공동번역 성경책을 선물로 주는 것을 보고 놀라지 않을 수 없었다. 자신의 생명과 같이 여기는 성경책을 주는 것을 보고 저것이 전도구나 탄성을 지르게 되었다. 하지만 성경책 받기를 거부하는 그 사람을 보면서 또 당혹한 마음을 가졌다. 왜 성경책을 받지 못하는 걸까.

근래에 성경을 연구하는 동료 구약학자와 일주일에 한번 만나서 시간을 갖는다. 그는 신학교 교수로 있다가 러시아에 선교사로 가려 했다. 러시아 신학교 총장이 되기 위해 사표를 냈다가 그만 교수직을 잃고 낙망하고 실의에 빠져 있다. 그는 자신의 이야기를 요한복음에서 찾고, 기도원 새벽 기도회를 인도하면서 요한복음 강해 설교 집을 내고 논문도 쓰면서 예수 이야기를 연구하였다. 예수에게서 자신의 모습을 발견하고 위로를 받고 자기 정체성을 찾는 것을 보면서 놀라고 있다. 아, 나도 아래로 밑으로 하강(下降)할 때가 많았는데, 예수는 하늘 보좌를 버리고 이 세상으로 내려왔는데, 나도 얼마나 추락하며 살았는가. 우리는 계속해서 하락(下落), 추락(墜落)하며 살고 있지 않는가. 다시 나도 성경을 읽게 된다. 요한복음을 또 다시 읽지 않을 수 없다.

성경(聖經), 책 중에 책이라 하여, 더 바이블(The Bible)이라고 하지 않는가. 서양의 고전 이라하고, 교양서적 중에 계속하여 베스트셀러가 된 책이라고 하지 않는가. 문화와 문명을 알고 세계와 종교를 이해하기 위해 읽어야 할 책이라고 한다. 이 책을 낙엽도 지고 바람도 세게 불고, 조금 있으면 한파(寒波)가 몰아칠 즈음에 집에서, 도서관에서 차안과 침실, 일터에서 읽고, 가지고 다니고, 잠깐 들여 보고, 껴안고 자 볼 일이다. 그러면 내 인생에 햇빛이 다시 비춰오지 않을까. 성경책을 줘보기도 하고, 성경 이야기도 들려주기도 하면 빛을 나눠 갖지 않을까 생각하며 오늘 아침도 잠언을 들추어 본다. 그리고 산으로 가서 그 성경이 뭐라고 말하고 있는지 생각해본다. 오늘은 누구를 만나게 될는지. 인생의 황혼 길까지 동행해야 할 친구는 이 성경이 아닌가. 밖에 성경 이야기를 들을 친구가 나를 오라고 불러댄다. "그래, 잠깐만 나갈게."

밤 산길

어둠이 짙어 땅거미가 진 산길
수당산 끝자락, 한강변 쪽으로
좁은 길을 향하여 나간다.

밤은 만물이 안식하는 시간
산으로 이어지는 길에
편안함이 눈짓을 한다
그 길에서 내일을 기약한다.

저녁을 걷는다.
밤의 세계로 안내하는 새들의 소리
별들이 잠에서 일어나
힘껏 기지개를 켠다.

풀들이 인사하고
하루의 지친 발을 어루만져준다.

밤의 미로는 집으로 향해 있고
발걸음은 가벼워진다.

밤길은 어둡지만 깜깜하지 않다.
동무들이 웃으며 나를 맞이하니
인적이 사라진 산허리에서
고향으로 가는 여정은 멀지 않다.

밤은 세상을 잠재우고
암흑은 새로운 의미와 사람을 세우려 한다.
빛이 비추면 고통은 내 인생의 지평선에서
사라질 것이다.

밤새 한숨 쉬고 탄식하던 미물들을
바라보는 무덤이
눈앞에 다가온다.
나도 저 곳으로 언젠가는 가야하리라

사는 날 동안 성실하고 정직하게 착하게 살리
밤은 나에게 말을 걸어온다.
무언의 대답과 대화는 끝이 없고
이미 돌이킬 수 없는 파괴의 언어는 후회를 낳는다.

나의 밤길은 늘 정답게 다가온다
일상에서 지쳐 새 도전과 묵시를 찾고자
빛이 잠든 그곳으로 가리라

무지개가 없고 웃음이 사라진 곳에서
빛이 아닌 의미 없는 몸짓만 난무하는 세계
이탈하여 밤으로 가는 세계로 인도하는 산을 오른다.

하루가 저물어 매봉산에서 동작산으로 가면
선친들이 바람이 되어 나를 맞이하고
풀이 되고 친구가 된다.

행인들은 낮의 해님을 따라 종적을 감추고
흔적 없는 밤 산길에서
혼들이 춤을 춘다.

도시의 불빛이 명멸하여
나무 사이로 찾아들며
문명의 세계로 나오라고 손짓 한다.
이제는 그곳으로 가고 싶지 않아
머뭇거리다 오솔길을 따라 걷는다.

무거운 언어가 지친 몸으로 짓눌려 있고

고단한 삶의 이야기가 고개를 숙이자
하루의 말들이 사라진다.
겸손하게 머리를 식히라고 길이 열린다.

수많은 소리들이 잠들고
새로운 세계를 창조하려는 몸부림이 있고
애증의 일들이 기억 속으로 분해되어
안도의 숨을 고른다.

삶이 밤 같고
꿈은 멀어지고
몸도 무거워지니
밤길은 가까이 있어
널 찾아 나서게 한다.

머나먼 길의 순례가 이 산 밤길에서 멈추어다오.
밤의 창조로, 낮의 평화를 만들라.
그대여 나를 언제나 기다려 주오.
주인으로 서서 그대를 부를 때까지.

군대 강박관념

날씨가 흐리고 찬바람이 거세진다. 온도계는 영하로 내려가고 있다. 산은 휑하니 나목(裸木)을 드러내고 볼품없는 원래의 자태를 보여준다. 우리 집 컴퓨터 모니터 모서리에 이상한 종이가 걸쳐 있어 눈에 들어온다. 아내가 병무청에서 온 편지라고 한다. 아들의 군대 영장이라 아들 보라고 거기다 걸쳐놓은 것이다. 벌써 아들이 커서 군대를 간다니. 말썽만 피우며 애를 태우는 아들인가 생각했더니 장성하여 나라를 지키라는 부름을 받게 되어 기뻤다. '대견하구나. 이제 군대 가서 정신 좀 차리고 오겠구나!'라고 생각이 들면서 다른 한편 '이 자식이 군대에 가서 제대로 훈련을 받고 탈영하지 않고 문제없이 생활을 할 수 있을까' 걱정이 앞선다. 그런데 아직 고등학교도 졸업하지 않은 상태에서 영장이라, 이상한 생각이 든다. 아내에게 물어보니 자기 친구들이랑 신체검사 받고 따뜻한 봄날에 군대 간다고 일찍 5월에 신청했다는 것이다. 아들놈이 군대 걱정이 들어서 신청한 영장이었다.

군대, 군대, 이 말은 나에게 상당히 부담이 되었던 단어이다. 나의 군대 강박(强拍)관념은 아주 크다. 아버지가 직업 군인으로 평생을 군복무를 하였고 그래서 나는 군인 가족으로 생활하며 군인의 모습을 보아왔다. 아버지의 군대 생활이 그렇게 좋아 보이지 않았기 때문에 내가 직업 군인이 되고 싶다는 생각은 꿈에도 하지 못했다. 그런데 고등학교 졸업하자마자 부모님의 바람으로 육군 사관학교에 시험 보아 합격하여 들어가게 된 것이다. 내가 육사를 졸업하고 소령이 되면 아버님의 군문(軍門)에서 못 이루신 한(恨)을 풀어드릴 수 있는 좋은 기회이었다. 그래서 부모님은 나를 육사에 보내시기를 원하신 것이었다. 아버님은 육사에서 대위로 전역하여 군무원으로 서기관까지 진급하여서 공무원으로는 명예롭게 정년 퇴직하셨다. 나는 부모에게 효도할 절호의 기회를 놓친 것이다. 나는 육사에서 훈련기간 중 보름 만에 자퇴하고 나와서 그만 신학교로 들어가게 된 것이다. 육사에서 나왔다는 것, 다시 사병으로 군대에 가야 한다는 사실이 대학 생활을 하면서 나를 고민하게 하고 고뇌케 하였다.

대한민국의 사나이들은 군대를 가야 하는 고민을 갖는다. 어머니들은 자식을 군대에 보내야 하는 안타까움을 가진다. 남북 분단의 아픔은 군대 의무 입대라는 현실을 만들었다. 이 군대는 한국의 현실을 깊이 느끼게 하는 장(場)이 되었다. 나의 군대 콤플렉스는 어디서부터 시작되는가. 아버지로부터 시작되는지, 어렸을 때부터 군인인 아버지와 군인 아내인 어머니로부터 큰아들은 공부시켜야 한다는 부모님의 의지로 부모와 떨어져 살아야 했다. 그래서 방학 때마다 전방으로 철책선 주위로 여행하면서 그 강박관념이 생겼는가. 아버지가 술을 많이 드셔서 어머니의 원망의 대상이 되며 탄식의 주체가 될 때. 나는 절대로 군인이 되지 않을 것이다 다짐하곤 했다. 그 의식이 무너지고 육사에 가게 되었다가 또 나오게 되는 과정을 거치면서 그 강박의식은 최고조에 이르게 되었다. 다시 군 의무를 이행하고, 장교시험을 통해 장교로 가기 위해 군 입대를 시도하다가 좌절할 때는 군 콤플렉스는 다시 징크스가 되어갔다.

신학교에 다니면서 사관생도와의 비교 의식은 꿈에서도 나를 괴롭혔다. "왜 육사에서 나왔지. 나오지 않았으면 멋있는 사관생도 복장에 아리따운 여대생과 팔짱을 끼고 보무도 당당하게 거리를 활보할 수 있을 텐데..." 거기서 더 나은 군대에 가야겠다는 꿈을 가지면 다시 위로가 되기도 하였다. 카츄사에 가서 영어를 배우고 유학을 가야겠다는 생각을 하면 기뻤다. 그러나 두 번의 시험을 치루면서 그 꿈은 사라지게 되었고, 신학교 졸업을 앞두고 다시 장교의 꿈을 가지면서 그 군대 신경증을 해소하려고 애를 써보았다. 학사 장교 시험에 당당히 1, 2차 필기 · 체력 시험에 합격한 것이다. 그러나 3차 신원 조회에서 탈락한 것이다. '아마도 육사에서 나온 것이 화근이 되었나 보구나!' 체념하며 이제는 사병으로 가야 하는가 보다 생각하며 또 몸살을 앓고 깊은 고뇌에 빠지게 되었다.

결혼하고 신학대학원에 진학하여 공부한 후 다시 석사 장교에 지원하리라 생각하며 또 군 입대의 강박증은 계속되고 있었다. 석사 장교 시험은 6개월 단기 복무를 하는 제도로서, 우리 시대에 군사 정권이 만든 제도이었다. 어떻든 나는 그 행운을 잡지 못했고, 그 후 육사의 교관 시험에도 응시하여 시험을 보지만 시원한 결과를 갖지 못해서 더 장교로 가는 시험을 찾을 수도 없어서 드디어 사병으로 군대 갈 생각이외는 다른 방도가 없었다. 나이 27세, 한 아이를 가진 아버지가 결혼한 아내를 두고 사병으로 군대를 가야 한다고 생각하니 앞이 캄캄하였다. 그래도 기독교 신앙을 가지고 있는 나는 하나님의 뜻이 있겠지 생각하고 87년 9월에 군대에 들어가게 되었고, 27개월의 군복무를 무사히 마치게 되었다. 내 전공을 살려 군대에서 군종병으로 일주일에 두 번 설교할 기회도 가지고 심방 설교도 할 수 있었다. 사병 목회자로서 군 생활을 하며 목회 훈련을 할 수 있었다. 특수 목회를 경험할 수 있는 좋은 기회를 갖기 위해서 수많은 군 강박관념을 가지게 하였는지 모르겠다. 불안감, 불확실한 군 생활에 대한 불안감은 자대 배치 후에 사라지게 되었고, 그 군 강박증은 하늘의 뜻이다 생각하며 그만 숙연해졌고 감사한 마음이 들었다.

이제 아들의 영장을 보고 그 날 저녁에 전역한 부대에서 최고 지휘자가 초청한 부름에 응하러 가면서 군 신경증세가 하나도 없어진 것을 보고 신기해하고 있었다. 그 지휘관은 자신이 근무하는 동안에 한 차례의 불미스런 사고가 없었다고, 기독교 신앙을 가진 자로서 부대를 위해 기도해주는 목사님들을 모시고 식사 대접하기 위해 초대한 자리이었다. 사랑하는 아들이 5개월 후면 나이 20세에 군 입대를 할 것이다. 내가 앓던 군 신경병 없이 무사히 군 생활을 하기를 바라는 마음이 앞서면서도 또 다른 형태의 군 콤플렉스 징후 군이 생기는 것은 어떤 것인가. 한반도에 살아가는 한국 사람들이 갖고 있는 증세이리라. 그래도 자유가 있는 이 땅에서 한껏 소리치고 마음껏 부를 수 있는 노래가 있어 좋다. 남쪽의 자유가 메아리쳐 북녘 땅에도 평화가 임하여 행복이 생기는 날이 올 것이다. 비둘기가 철책 선 위를 자유롭게 넘나들 듯이 우리도 오갈 수 있을 것이다. 지금 금강산과 백두산, 개성 공단과 나진 선봉지역이 열리고 있지 않은가, 이제 곧 북녘 땅 전 지역이 개방되어 돌아다닐 날이 올 것이다. 아들이 장가가서 손자를 낳는다면 그 손자가 우리들이 앓던 군 입대 신경병을 모르게 될 날이 올 것이다.

아, 그날이 오리라. 아 통일의 날이 올 것이다. 저 뭉게구름이 흩어졌다 모이듯이 형제들이 다시 만날 날이 올 것이다. 이제 군 강박관념은 꿈속에서 나를 괴롭히지 않을 것이다. 아 그날이. 아 그날이. 저 만치 오고 있지 않은가.

동토(凍土)

바람이 세차게 부니 세상은 그만 찬바람으로 가득하다. 대지는 찬 기운으로 그만 동토(凍土)가 되어버렸다. 땅이 얼어버리니 나의 마음도 어느새 덩달아 꽁꽁 언 느낌이다. 이 땅이 언제 봄바람으로 녹을까 생각하며 산에 오른다. 언 땅을 보며 이 생각, 저 생각한다. 내가 중학교 3학년 때 삼성 문고에서 나온 한국 문학 전집을 이모부가 선물로 주셨다. 그래서 그 책을 읽다가 사춘기의 성(性)에 대한 호기심이 발동하여 방학 내내 책들을 탐독하며 모두 읽었다. 그 때에 가장 감명 깊게 있던 책이 바로 동토라는 소설책이었다. 그 뒤에 대학교 때 다시 그 감동을 기억하고자 읽은 책이 그것이었다. 다른 한국 소설은 다시 읽어본 적이 없었는데 유독 동토는 다시 읽었던 것을 기억한다. 그 이유는 애틋한 주인공의 사랑 이야기 때문이었던 것 같다.

땅은 인간의 삶과 함께 그 애환을 갖는다. 박경리의 대하소설 『토지』는 최씨 가문의 몰락과정을 그린다. 최씨 가문이 한국의 근대사 속에서 어떻게 지주로서 많은 땅을 차지하고 살다가 그 땅을 버리고 만주 땅으로 이주하게 되는지, 그리고 다시 고향 땅으로 돌아와서 살게 되는지 이야기한다. 경남 하동 지방의 평사리 라는 곳에서 만주 연변 땅으로 옮겨 다니는 '최서희'라는 인물과 그녀를 둘러싼 많은 사람들이 자신들이 밟는 땅이 동토의 땅이라는 것을 보여 준다. 그것은 조선 후기의 혼란한 때와 질풍노도처럼 밀려온 일본 식민 통치의 압제를 통하여 자유와 주권을 잃어버린 백성들이 어떻게 살았는지, 또한 그러한 상황에서 인간의 비참한 군상(群像)은 어떠한지 잘 그려주고 있다.

오늘날 동토라고 하면 시베리아 땅과 북한의 땅을 이야기한다. 툰드라 지역의 시베리아 땅은 추운 지역으로 사람이 활동하기 힘든 지역으로 살기에 적합한 땅이 아니다. 북한은 자유가 없고, 인간의 권리 보장이 없는 땅으로 일인 독재체제에 신음하며 고통 하는 지역이다. 최근 자연 재해로 인해 식량이 없어서 굶어 죽는 사람들이 많은 죽음의 땅이 되어 가고 있다. 추운 나라가 되어버린 한반도, 그 한반도의 남쪽에서는 너무도 잘 먹고 잘 사는 나라가 되어 남한은 옛날의 동토의 현실을 잊고 살아가고 있다. 한 민족이 어쩌면 이렇게 다른 양상을 하고 살아가고 있는지, 형제가 어찌 이렇게 다른 현실을 맞이하고 사는지, 역사적으로 그 이유를 물어야 하는지, 정치적으로 강대국의 이권과 이념에 의한 희생양이 된 것이라는 이유를 찾아야 하는지 모를 일이다.

도스토예프스키는 동토의 나라에서 태어나서 세계문학의 획을 그은 작가가 되었다. 그는 인생 말년에 걸작 『까라마조프가(家)의 형제들』 이라는 글을 써서 새로운 문학 세계의 지평을 열었다. 인간의 심리와 악령의 세계, 영혼의 구원과 제도의 문제 등에 대하여 예리한 통찰력으로 말한다. 그가 경험한 동토의 세계-병(간질병), 혁명 도모, 처형의 순간, 교도소 생활, 도박과 이혼-을 통하여 인간의 죄악성을 고발하며 어떻게 인간이 동토의 땅으로 가는지 잘 보여 준다. 인간에게 사랑이 없고, 신이 없고, 죄의 고백과 회개가 없이 추운 강퍅한 심령을 갖고 살아갈 때 인간은 벌써 죽음의 땅에 이른 것을 말해준다. 동토는 몰인정하고 매정한 인간, 악령에 쫓겨 사는 불행한 인간, 빵과 권력과 기적(신비)만을 추구하는 사람들이 사는 곳이다. 도스토예프스키는 그 땅에서 벗어나는 길에 대하여 진리를 추구하는 알료사와 인간의 본성을 찾아 회개하는 조시마 장로, 어린 아이 일루사를 통하여 보여준다. 죄악 덩어리인 까라마조프가의 구원의 가능성을 제시한다. 동토도 봄날의 해빙(解氷)으로 따뜻한 대지가 되어 푸른 생명을 움트게 하듯이 죄악으로 지옥에 이른 인간이 구원받아 새로운 사람과 새로운 가문으로 거듭날 수 있음을 보여 준다.

요즈음 나는 아들과 공차는 재미를 누리고 있다. 조기 축구회에서 공을 차며 아들과 막힌 대화의 문이 열렸다. 아버지와 아들이 함께 공을 차는 모습을 사람들에게 보여주며 아들이 신학교에 들어가는 극적인 장면을 연출하고 있다. 그간 방황하는 6년간의 시간이었다고 생각하기는 속단이었다. 아들이 동토의 땅에서 고뇌한 시간들이고 새로운 생명을 잉태하기 위해 봄날을 기다리는 쉼과 동면의 시간이었다는 생각이 든다. 한 겨울이 되니 운동장이 얼어서 공차기가 힘들다. 이제는 운동장도 동토가 되었다. 그래도 아들과 함께 놀 수 있다는 생각에 태릉 중학교 운동장으로 추위를 뚫고 나선다. 또 다른 운동장, 홍릉 초등학교에서도 동토를 녹이는 사람들이 있다. 그들과 함께 하며 봄날을 기다리지만 무릎 부상이 동토로 가도록 가만두질 않는다. 하지만 사랑의 햇빛이 내가 선 땅을 녹이고 있다. 이제 이 빛이 더욱 강렬해져 벌써 봄날을 재촉하는 듯하다.

금강산 기행

금강산 찾아가세 일 만 이 천 봉, 볼수록 신기하고 아름답구나. 아 꿈에도 그리던 조국 산하, 금강산, 그 북녘 땅을 밟는다고 생각하니 감개가 무량하였다. 분단된 지 얼마던가, 55년의 긴 세월, 광복 60주년이 되는 해가 올 해이다. 긴 시간들이 흘러버렸다. 7년 전부터 금강산 관광이 열려, 100 만 명의 많은 남쪽 사람들이 금강산을 다녀갔다고 한다.

이제 육로로 백두산 관광이 열리게 된다고 하니 사람들이 들뜬 마음으로 기대하고 있다. 우리 네 팀이 각기 다른 곳에서 출발하여 대진에 있는 해맞이 식당(펜션)으로 34명이 모였다. 우리는 주일 오후 6시에 뚝섬역에서 모이기로 하여서. 나는 주일 오후 예배를 드리고 병원에 입원한 성도님을 심방하고 전도사님 댁에 가서 어린이 집을 차린 것을 보고, 청량리에 교인을 다시 모셔다 드리고 동성교회로 향했다.

어린이 집 차에 13명이 타고 동해안 대진으로 금강산 나들이를 나선 것이다. 목회자 님 부부와 아이가 가는 길이라 기도하는 마음으로 길을 가게 되었다. 일행 중에 전에 금강산에 간 분이 두 사람인데, 이전에는 장전항에서 배로 들어갔었다. 나머지는 다 초행길이라 호기심과 기대감이 컸었다. 나도 늘 북한 선교와 남북통일에 대한 생각을 하고 있던 차에 이번 방문은 뜻 깊은 여행이었다. 하나님의 선교를 생각하기 때문에 외국을 다니는 것이나 어느 곳을 가는 것이 하나님의 인도하심이라고 생각하고 있다. 이번에도 하나님이 이 땅을 왜 보게 하시는가 질문하지 않을 수 없었다. 이북 땅을 밟을 기회를 주신 하나님의 은혜에 감사하며 양평, 홍천, 인제, 진부령, 대진 땅을 향하여 움직였다.

작년에 교회 수련회를 대진에서 열어서 그곳 동해안 해수욕장에서 시간을 갖으며 배낚시도 하며 통일 전망대와 육로 금강산 이야기를 들었는데 이렇게 또 그 땅을 향하여 가니 세밀한 인도하심에 놀라지 않을 수 없었다. 무엇을 보여주시려고 하시는가. 가는 길에 용문 근처 용두리의 식당에서 저녁을 먹고 대진에 도착하니 10시 30분 정도 도착하였다. 다른 일행들이 도착하는 것을 보며 오랫동안 보지 못한 반가운 목회자들을 만난 기쁨도 잠시 뒤로하고 주일 날 피곤한 몸으로 인해 잠을 청하게 되었다. 좋은 공기를 맡으며 하룻밤을 보내니 다음날 5시 30분 기상이 쉬었다.

새벽 찬양과 기도, 메시지를 듣고 아침 황태국 식사를 하고 금강산 콘도에서 서류 수속을 밟고 손 전화(핸드폰)를 맡기고 관광버스에 몸을 실었다. 이제 드디어 이북 땅을 밟게 되는 것이다. 태어나서 북한의 실체를 알았지만 무형의 땅 만 보면서 사람 소식을 들어 왔었다. 하지만 실제로 이제 그 땅을 밟아보고 그 사람들을 만나러 가는 것이다. 44년 동안 많은 소리들을 듣고 살아왔다. 어렸을 때는 북한 사람이 괴뢰군이라 죽여 할 적이라고 생각하고 살았다. 나쁜 사람들이 살고 있는 나라, 그곳의 사람들이 어느 날 대화하고 만나야 할 사람들로 바뀌었고, 대통령이 평양에 갔다는 둥, 현대 아산 만 들판의 소들이 평양을 향하여 올라갔다는 소식도 듣게 되었다.

이제 육로 백두산 관광 시대가 열리는 시대가 되어 긴장이 풀린 금강산 관광이었지만 어디선가 잠재의식 속에 묻었던 불안감이 그래도 남아 있는 것은 부인하지 못하고 조심스럽게 철책선으로 미끄러져 가는 차를 주시하지 않을 수 없었다. 외국으로 가는 보세지역에서 절차에 따라 줄서서 300여명이 입국 수속을 하였다. 일일 관광 팀과 1박 2일, 2박 3일 관광 팀들이 같이 들어가고 있었다. 우리는 가난한 목회자 모임이라 하루 관광 조였다. 남한의 군인들의 보초를 서는 지역을 지나 비무장지대(DMZ)를 거쳐 북한 군인들이 있는 지역으로 들어갔다. 전쟁의 흔적이 아직도 남아 있고, 녹슨 기찻길은 아직도 다시 떠나야할 열차를 기다리고 있는 모습이었다. 분단 전 옛날 사람들은 속초에서 원산 지역으로 올라 가 다시 경성(한양)까지 24시간 걸려 여행을 하였다고 한다. 그 선로를 보며 끊겨진 산하, 분단선을 지나 두 체제의 모습을 선명하게 보는 자리였다.

두 지대는 엄연히 다른 모습이었다. 물질과 경제, 부가 무엇이길래 사람들의 모습이 이처럼 다른가, 북한의 군인들은 키가 작고 새까맣고 마른 어린 모습이었다. 그런데 남한 군인은 반대의 모습이었다. 산도 민둥산, 나무들이 없었다. 왜 나무를 베었는지, 불살랐는지, 금강산과는 너무나 다른 모습이었다. 차를 타고 내다본 북한 마을은 초라한 시골 동네, 아주 가난한 사람들의 모습이었다. 관광 지대라 최대한 자유와 홍보 노력을 했음에도 불구하고 파리한 소처럼, 볼 품 없는 모습이었다. 북쪽에 도착하여 입국수속을 마치고 차를 타려다가 일행 중 한 목사님이 사진을 찍으려다 그만 사복 군인에게 걸려서 붙잡혀 가서 다행히 금방 풀려나왔는데 예전 같으면 사죄문에다 벌금을 톡톡히 내고 풀려 나온다는 것이었다.

다시 버스를 타고 20분 동안 가니 현대에서 운영하는 금강산 관광지대에 도착하였다. 이곳은 꿈에도 그리던 북한 땅인가. 온정각 휴게소에 도착하니 정몽헌 추모비가 있고 북한 물건을 파는 곳이 있었다. 그리고 현대회사의 상술로 식권도 끊어가야 했다. 정작 금강산 초입에서 물건을 파는 북한 사람들의 물건은 팔아주지 못하는 아쉬움이 있었다. 그들의 물건은 또 달러로만 사야 했기 때문에 안타까웠다. 14명이 간 만물상 관광 모임에서는 2달러밖에 팔아주지 못했다.

버스 안에서 신제혁 조장(여행 가이드)의 일일 여행에 대한 안내가 있었다. 그의 말솜씨로 처음에는 만물상이 많은 인원이 신청하였는데 나중에는 구룡폭포 행이 더 많아져서 두 팀으로 나누어서 여행을 하게 되었는데, 만물상으로 가게 된 사람들은, 오늘 들어온 인원들 중에 오직 우리 14명이었다. 금강산 만물상 등산 코스와 구룡폭포, 해금강 삼일포 관광이 열려 있었다. 그 중에 우리는 만물상으로 택했다. 산행에 날씨가 중요한데 안개가 낀 날씨로 만물상이 명확하게 잘 보이진 않았다. 하지만 선선한 날씨에 여름 등산하기에는 최적의 날씨였다. 산을 오르면서 보는 금강산은 민족의 명산으로서 면모를 보였다. 왜 금강산인지 아는 순간이었다.

현대에서 닦아 놓은 도로로 산 중턱까지 오를 수 있었고 관광지역마다 북한의 안내원이 북쪽 말로 아주 잘 설명하여 산을 잘 이해하게 해주었다. 삼선암 설명으로부터 시작하여 귀면암, 천선대, 망양대까지 안내원을 만나면서 북한을 조금씩 이해할 수 있었다. 금강산에 있는 안내원들은 뛰어난 미모의 인텔리였다. 그들은 사상교육이나 훈련이 잘 된 사람 같았다. 수많은 전설을 가지고 있는 금강산, 사도세자도, 피부병을 앓았던 왕들도 이곳에서 수양하였다고 한다. 온정각, 금강산 온천은 유명하였지만 당일 여행이라 할 수 없었다. 만물상을 볼 때는 안개가 걷혀서 거북이 바위, 촛대 바위, 꼬부랑 할머니가 승천하는 바위까지 볼 수 있었다. 그 중에 자신이 그리는 상을 만들 수 있는 기기묘묘한 신기한 바위들이 셀 수 없이 많았다.

가파른 산을 올라가는데 나이 많이 드신 분들이 내려오는 것을 보고 용기를 얻어 안해(아내) 뒤를 따라 느릿느릿 올라가며 금강산의 정취를 맛보았다. 인걸은 간 데 없는데 산천만이 의구한 모습이었다.

이 금강산은 민족사의 모든 한을 다 품고 있는 듯하였고, 오늘날 이북에 위치하여서 북한 사람들의 영혼을 달래주는 그 이유를 알 것도 같았다. 오직 북한 사람들은 안내원만이 있는 것 같았다. 우리가 하산할 때는 고위층 고급 승용차에 공산당 간부와 그의 아들인 듯 한 사람이 차에 타고 올라오는 것을 볼 수 있었다. 이제는 금강산도 남한의 땅이 되고 말았다. 달러가 무엇인지, 금강산에서 달래 지팡이를 살려면 북한 사람에게 사야하는 돈이 달러($)야만 돼야 하는 불행한 현실이 되었다. 하지만 정신은 살아있었다. 망양대에서 만난 북쪽 안내원 김 아무개, 장 아무개의 이야기를 듣게 되었다. 그들의 역사의식과 교육 환경에 대한 이야기는 감동적이었다. 고려 중심의 왕건 미화(개성의 도읍) 역사, 고구려 발해의 역사를 강조하여 민족 웅비의 역사 비전을 가졌다. 반면 신라의 삼국 통일은 부정하고 조선의 사대주의 통치는 완전히 부정하고 있었다. 그것은 바로 민족 자주의 역사의식, 주체 역사를 강조하는 것이었다.

한 담임 선생님의 6년간의 교육으로 자신이 오늘날 있게 되었다고 자랑하는 것을 보고 놀라지 않을 수 없었다. 한 여선생님이 사랑으로 자신을 돌보아주었던 것을 감사하여 늘 명절이면 찾아뵌다는 것이었다. 이런 이야기를 처음 한다고 하면서 선생님은 다른 사람과 달라 보여 속 이야기를 한다고 하면서 터놓는 것이었다. 자신이 아파서 학교에 못나갈 때 집까지 찾아오셔서 교안을 보여주며 가르쳐 주고 가셔서 자신은 죽을 때까지 그 선생님을 잊지 못한다는 것이었다. 그 선생님과 비교할 때 아, 내가 얼마나 부끄럽고 못나 보였는지 쥐구멍을 찾아야 할 정도였다.

천선대에서 예쁜 들꽃을 꺾어 아내에게 주다가 벌금을 물 뻔

하기도 하였지만 그 두 분의 아량으로 용서받았고, 또 물병을 금강산 정상에서 실수로 아래로 빠뜨렸는데 7년 된 베테랑 고참이 눈감아 주었다. 금강산 정상에서 선녀(仙女)와 전설의 나무꾼을 만난 느낌이었다. 하루만큼의 충분한 관광을 하고 내려오는 길에는 북한의 안내원 장옥선 씨와 대화를 하며 빠르게 내려왔다. 통일되기를 염원하면서 좋은 날이 오면 같이 사진을 찍자는 말을 들으며 헤어졌다. 버스를 타서 안내원들이 있는 버스를 향해 눈길을 주지만 찾을 수가 없었다. 금강산의 선녀를 만난 기분으로 산 아래를 내려와 금강산 호텔에 가서 비빔밥과 랭면을 먹고 다시 온정각 휴게소에 도착하여 집으로 갈 시간 만 기다리게 되었다. 힘든 산행을 한 이후라 피곤하여 눈을 감을 수밖에 없었다. 떠날 시간이 되어 오후 4시에 다시 왔던 길로 다시 돌아가는 길은 만감이 교차되고 있었다. 불쌍한 북한 동포들을 어떻게 구원할 수 있을까. 주여 이들을 구원하여 주옵소서. 속히 통일이 되게 하소서. 다시 구룡폭포, 해금강을 보러 오게 하소서, 그 23살의 선녀를 만날 수 있게 하소서. 한반도의 미래를 만들어갈 수 있게 하시고 아시아에 희망의 빛을 크게 비출 수 있도록 통일이 되게 하소서. 우리는 다시 돌아와 서울로 가는 사람 7명과 춘천 팀 5명은 대진에서 홍진을 떨어버리고 동해물에 멱을 감으며 즐거운 시간을 보냈다. 이제 통일 세례를 받았으니 통일의 비전을 가지고 살아가시오.

산 넘고 강 건너

인생을 살다보면 평탄한 길만 가는 것이 아니라 때론 산을 넘어야 하고 강을 건너야 하는 상황이 있다. 우리는 인생의 험난한 상황에서 어떠한 태도로 임해야 하는가? 나는 여호수아서 1장 9절 말씀을 좋아한다. "마음을 강하게 하고 담대히 하라 두려워 말며 놀라지 말라 네가 어디로 가든지 네 하나님 여호와가 너와 함께 하느니라 하시니라." 여호수아가 가나안 땅을 들어가야 하는 역사적 사명에 놓여 있었다.

모세를 통한 40년의 광야 여정은 끝나고 새로운 시대적 소명이 여호수아에게 주어진 것이다. 요단강 앞에서 여호와 하나님이 여호수아에게 명하시는 말씀이다. 이 말씀은 오늘 기미년 2009년 새해를 맞는 우리에게도 주어진 것이다. 우리가 준비하지 않고 새로운 마음과 계획으로 주어진 과제를 부정적 시각으로 바라보고 있다고 하면 넘어야 할 산을 넘지 못하고 건너야 할 강을 건너지 못하는 불행한 결과를 초래할 것이다. 시원찮은 목수가 연장 탓을 하면서 일을 못하는 것과 같이 긍정적인 태도와 적극적인 자세가 문제해결의 열쇠가 된다는 것이다.

이 민족과 교회는 분단의 벽을 넘어야할 과제를 가지고 있다. 이 문제는 국제 세계의 논리, '국가이익'이라는 실리 정책으로 세계가 움직이고 있는 현실을 파악하여 한국이 준비하지 않으면 고통과 어려움에 직면하게 된다는 사실이다. 인생의 개인 문제는 한 개인의 마음과 정신, 인격이 바뀌지 않으면 아무런 일도 만들어낼 수 없다. 어려운 조건과 환경을 이겨내려고 하면 강을 건너고 산을 넘을 수 있는 정신과 마음, 실력을 가져야 한다. 특히 담대한 마음, 주님이 주시는 놀라운 말씀과 확신이 있어야 한다.

우리 안에 있는 옛 습관과 구태의연한 사고방식으로는 새 시대를 개척할 수 없는 것이다. 새로운 사고방식으로 과거의 전통과 문화가 가지고 있는 보물은 지키면서, 변화하는 새 현실을 직시하고 새롭게 대처함으로써 우리 공동체를 좋은 방향으로 인도하는 모세와 여호수아와 같은 영적 지도자가 되어야 한다. 우리에게는 산과 강이라는 넘어야 할 역사적 과제가 있다. "내게 능력주시는 자 안에서 내가 모든 것을 할 수 있다"는 강한 신앙과 신념이 이 난제를 풀 수 있게 한다. 민족과 나의 밝은 미래는 긍정적이고 희망적인 사고와 언행 속에서 가능해진다.

작은 새의 쉼터

길 잃은 작은 새들이 남쪽으로 남쪽으로 향한다. 탈북자 동포들이 베트남, 캄보디아, 태국, 중국, 필리핀 등지로 떠돌고 있다. 빵과 자유를 찾아 떠난 유랑의 세월은 멀고 멀기만 한 것이다. 우리 주위에도 이 형제 자매들이 있다. 모두들 힘들게 살아가는 모습이다.

탈북자 인권을 옹호한다고 하여 국회에서 법을 제정한다고 한다. 탈북자 복지센터를 세워 그들의 삶의 질을 향상시킨다고 해도 여전히 힘들어하는 새터민 형제들의 모습이다. 과연 무엇이 그들을 행복하게 할 수 있을까. 오랜 세월 동두천 자매들과 함께 했었던 때, 용산의 에이즈 자매들과 인간 생존의 밑바닥에서 솟아나는 작은 소리를 함께 하려고 했을 때와 다른 더 힘든 삶의 무게가 그들에게 있는 것 같다.

요즈음 같이 동고동락하는 자매가 있다. 친형제보다 더 가까운 그 자매를 보면서 내가 도울 수 있는 것이 하나도 없다는 생각에 자주 자괴감이 들곤 한다. 왜 그럴까 곰곰이 생각해보면서 이것은 나의 문제가 아닌 우리 모두의 문제라는 생각을 하게 된다.

어떤 신학 하는 자매에게 들으니 문화의 차이가 심해서 오는 문제라는 말을 하기도 한다. 북한이라는 나라, 조선 인민공화국이라는 나라는 지상의 어느 나라보다도 이상한 나라로서 그곳에서 살다 온 사람들은 신비한 엘리스의 모험처럼 다른 문화, 별세계의 사람이라고 생각하면 좋다는 것이다. 가깝지만 가장 먼 나라 사람들이 바로 북한 동포라는 것, 아니 세계에서 가장 이해하기 힘든 나라 사람들이 북한에 있는 분들이라는 것이다. 거기서 탈북하며 사경(死境)을 넘어 왔으니 얼마나 많은 상처가 그들에게 있으랴.

지리적으로 가까운 곳, 삼팔선 넘어 있는 우리 형제라는 의식은 그들을 이해하는데 가장 장애가 된다는 것이다. 마음의 심층부를 헤아리기엔 모든 사람들에게도 어려운데 하물며 가까운 새터민 자매는 얼마나 더 어려울 것인가. 그래도 나에게는 그 자매가 너무도 귀하고 아름다운 것은 왜일까. 이 문화를 이해하기 위해 지금까지 다른 삶의 패턴과 패러다임을 만들어 적용하여 환자를 치료하던 새로운 특효약을 만들어야 하겠다. 선교학을 배우고 프로이드의 심층심리학을 다시 배워야 하겠다. 나의 사랑하는 친구를 잃지 않기 위해 어려운 삶의 과제를 풀어야 전에처럼 나의 행복이 찾아 들 거라는 생각이 든다. 마치 '저 높고 높은 별을 넘어 이 낮고 낮은 땅위에 길 잃은 영혼 구하러 온' 내 주님처럼 눈높이의 동질감을 찾아야 하리라.

북한 새터민들의 인권 문제와 더불어 정부의 제도 개선, 국회의 법적 장치, 하나원의 심도 깊은 배려와 사랑의 교육, 종교인들의 새터민들에 대한 관심 증폭, 기존의 시설과 복지 센터 개선과 증설, 새터민 자녀 교육법과 새터민 교육 확충과 재교육 혜택 등 많은 부분에서 실질적이고 행정적인 도움이 필요하리라 본다. 이를 위해 가까운 지인들과 함께 이 일에 관심을 갖고 도울 수 있도록 힘을 기울이려고 한다. 우리 사회의 개인주의와 자본주의 맹점들이 더욱 나를 어렵게 하고 특별하고 귀한 나의 친구가 숨쉬기에 편한 길이 무엇인지 골몰하는 순간, 또 다른 새터민 형제들의 우리 사회 정착이 잘 이루어질 수 있다는 확신을 갖게 된다.

라일락 향기가 진동하고 벚꽃 물결이 가로수와 공원 마을마다 한창이다. 이제 사랑하는 자매와 함께 벚꽃 놀이를 가볼 생각이다. 병원 운영 한다 지친 마음이 꽃 축제 속에 작은 새와 놀다보면 어느새 옛날 행복했던 시절로 돌아갈 수 있으리라. 봄꽃들아 내가 너를 만나러 갈 때 꽃잎을 피우고 나를 맞이해주렴. 작은 새의 보금자리가 되 주렴. 쉼터도.

양구

볕이 드는 곳이란 뜻을 가진 강원도, 양구(陽口)지역을 향한다. 열 살 때 아버지를 따라 나섰던 그 길을 찾으러 양구 버스를 타러 간다. 3년 전부터 신학교 선배 목사님이 양구 고방산 군인교회를 맡아서 목회를 하고 있다. 한번 오라는 주문이 있었지만 바쁘다는 이유로 갈 수 없다가 방학을 맞아 전방 교회를 방문한다는 명분을 가지고 움직였다.

시의적절한 때가 된 것이다. 주위 환경이 주일(主日)날 강원도 양구 교회로 이동할 수 있도록 한 것이다. 이는 하늘의 뜻이 아니고 무엇이겠는가. 어린 날 아버지 손을 잡고 전방에 어머니와 동생들이 사는 곳을 가고자 먼 길을 갔던 것이 생각났다. 서울 풍납동에서 초등학교를 다니다가 방학 때 부모님 집에서 가정생활을 하기 위해 전방 집에 갔었다. 양구를 가는 길은 멀고도 멀었다. 청량리에서 버스를 타고 춘천으로 가서 춘천 댐을 돌아 굽이굽이 낭 떨어지기 길을 가도 가도 도착하지 않는 길을 갔던 것 같았다. 아버지는 피곤하셨던지 한 번도 깨지 않고 옆 자리에서 코를 골고 주무셨다. 일어나서 이제 다 왔다고 외치기를 고대하며 조마조마 살폈던 것이 생각났다.

그 먼 길을 예상하고 떠나는 길이 도착하고 보니 아주 짧은 거리였다. 동서울터미널에서 오후 2시 15분차를 타니 무정차 버스라 쉬지도 않고 단숨에 달려서 2시간 40분 만에 양구 정거장에 도착하는 것이 아닌가. 평소 자주 다니던 양평 길로 가서 한계령, 미시령, 대진가는 길로 가더니 신남리로 빠져 양구 터널로 가는 것이었다. 도착하니 선배 목사님이 기다렸다가 지프차로 인도하는 것이었다. 민간인 군목으로 화요일에 이곳에 와서 주일 오후까지 사역을 하다가 귀가하는 외로운 일을 하고 있었다. 시집, 외로운 바위라는 책을 내서 시인(詩人)으로서 면모를 발휘하면서 고독한 성자(聖者)의 길을 가고 있었다. 사병을 호령하고 군대 인사도 받고, 멋있게 폼을 내는 모습이 영락없이 현역 군인과 같았다. 군인 교회에 도착하여 군종 병들과 인사를 나누고 방산 회관이라는 숙소에서 휴식시간을 보낼 수 있었다. 내일 설교를 준비하라고 많은 시간을 준 것이다. 나는 어린 시절의 추억을 더듬으며 상상의 나래를 펴고 있었다.

양구는 우리나라 국토의 정중앙에 위치하고 있다고 한다. 양구읍, 남면, 서면, 방산면, 해안면 등으로 행정구역이 되어 있고, 삼팔선이 있는 강원도 군사도시로서 자연이 살아있는 아름다운 도시였다. 나의 어린 시절의 추억이 있는 이곳, 탄피 통 뚜껑을 떼어 얼음 놀이하며 썰매를 타던 곳이다. 여름 방학에는 동네 아이들과 공을 찼던 곳이다. 큰 병원 집에서 생활하던 생각도 났다. 먼 양구 읍내까지 걸어갔던 것도 생각났다. 부모님께서 제 고집만 피우고 엄마 말을 안 듣는다고 빨개 벗긴 채 겨울날 혼난 것도 떠올랐다. 그 추억의 장소를 찾아낼 수 없었지만 38년 만에 찾은 이 산하(山河)는 어린 눈으로 보았던 것과는 차이가 났다. 동심의 눈으로 보았던 자연과 이제 성인이 되어 보는 세계는 달랐다. 다른 시계(視界)를 극복하려고 손 전화를 돌려보았다. 마지막 전방지인 양구, 아버지의 근무지에서 1972-74년에 작전장교로서 생활하였다고 말한다. 어머니는 생각하기 싫은 추억지인지 모른다고 일축(一蹴)한다. 아버지는 승공대 관사에서 사셨다고 반복해서 말하기도 하신다. 기억의 파편(破片)이 서로 다른 것인가.

하기야 그 때는 박수근 기념관도 없었을 것이다. 양구의 전설을 실어놓은 인터넷 양구군청의 홈페이지도 없었을 것이다. 하지만 여전히 군인들이 있고 삼팔선이 놓여 있었고 철책 근무(GP)를 서고 나온 병사들이 안도의 한숨을 쉬고 있는 모습은 같았다. 한반도의 배꼽지역, 옴팔로스에서 평화의 소리가 퍼지는 것을 보면서 홍천으로 가서 우리는 조치원과 서울로 각각 귀로를 잡았다. 동심의 세계에서 오는 마음의 새 별으로 발걸음이 날아갔다.

제4부

외유, 나가는 이유

베트남의 눈

찌푸린 날씨와 인천 공항의 안개가 하노이행 비행기를 가로막아 세 시간 가량 연착하게 하였다. 베트남에 가고 싶어 하는 일행을 막고 있었다. 공산주의의 이념과 체제를 가진 나라라 대한민국 국민의 여행 자유를 막더니 공산세계가 무너지면서 자국의 이익과 번영이라는 과제를 위해 문호를 개방하고 달러를 벌어들이기 위해 베트남 정부는 여행 자유화를 도모하게 되었다.

언제나 여행은 즐거움과 설렘을 준다. 어딘가를 간다는 것, 낯선 사람들을 만난다는 것은 가슴 벅찬 일이 아닐 수 없다. 선교회에서 떠나는 정탐 여행이라, 선교 훈련과 목적이 있는 여행이지만 해외로 나선다는 것과 다른 나라로 간다는 것은 여전히 호기심과 동경을 자아내기에 충분하였다.

베트남은 우리나라가 도왔던 자유 남쪽 월남, 북쪽의 사회주의 체제 월맹이 대립했다. 두 체제의 싸움에서 결국 영웅 호치민이 베트남을 통일하였다. 그 과정에서 한국이 베트남전에 참여하였다. 이 참전으로 베트남의 문화가 한국에 들어와서 더울 때 월남치마를 입는 것이 유행이 되기도 하였다. 요즈음 월남(베트남) 국수가 한국에서 인기가 있어서 포호아라는 음식점이 체인점을 여러 개 있는 것을 본다. 우리나라와 월남 여자 사이에 태어난 혼혈아, 따이한은 월남전 참전의 결과로 나온 인종적 유산이다. 여러 이미지가 교차되는 나라이다. 베트남 공항에 도착하니 밤이었다. 밤거리의 적막함이 우리 일행을 맞이해 주고 있었다. 곧 바로 대기하고 있던 선교사의 대형 봉고 차로 유스호스텔로 이동했다. 아침의 거리는 밤거리와 달리 꽃과 빵 파는 아낙들과 구두닦이 아이들과 자전거로 바삐 움직이는 사람들로 생동감을 주고 있었다. 하노이 시내의 유명한 연못이 있는 곳에 처소를 마련하여 수중 발레가 열리는 극장에도 걸어서 갈 수 있었다. 거리에서 보는 베트남 사람들은 무엇인가 살아 움직이고 있다는 느낌을 주었다. 변화와 개혁, 개방과 혁신을 요구하는 눈빛이었고 잘 살려고 몸부림치는 모습이 역력하였다.

베트남은 우리나라와는 고대로부터 많은 접촉이 있었다. 특히 고려 시대에는 베트남의 왕족이었던 이홍상 장군이 한국에 와서 몽고와의 전쟁을 승리로 이끌었고 화산 이씨의 시조가 되었다. 베트남은 한국과 문화가 비슷한 점이 많다. 젓가락을 사용하고 국수를 좋아하는 음식 문화나, 중국으로부터 한자 영향을 받아 한자를 사용하는데 자신의 나라에 맞게 음차를 사용한 주체성 있는 모습이나, 유교 문화를 장려하여 나라의 정치를 문인 중심의 문치 국가로 학문을 숭상한 점, 중국으로부터 많은 침략을 받았던 것과 외세에 저항하여 독립 국가를 만든 것 등 많은 공통점을 찾을 수 있었다. 지금 월남은 통일 국가 체제를 가지게 되었다.

호치민이라는 국부를 중심으로 불란서와 미국이라는 강대국 상대로 20년 전쟁을 치르며 독립과 통일을 이루어 내었다. 그들의 이러한 저력은 놀라웠다. 비록 경제력이 뒤떨어져 있지만 강대국과 싸워 이긴 나라라는 자부심과 긍지가 대단하였다. 그들의 눈은 빛나서 언제든지 어떠한 강한 나라가 침범해도 물리칠 수 있다고 말하고 있었다.

우리 일행은 하노이에서 북쪽 산악 지대, 마이추와 사파로 2박 3일의 여정으로 베트남 학생 네 명과 함께 떠났다. 마이화, 홍옥, 행복, 난영이는 하노이 외대의 한국어과 학생들이었다. 이들과 봉고차로 여행하며 한국 문화와 베트남 문화가 교류하고 있었다. 함께 노래하기도 하고 이야기도 하면서, 차에서 오랫동안 동행하여 하나가 되어가고 있었다. '행복'이라는 학생과의 대화 중에 '선생님의 눈이 무서워요'라는 말을 듣게 되었다. 그 말은 종교와 신앙 이야기를 한참 하다가 들은 말이었다. 그래서 그 무섭다는 말이 무엇을 말하는지 몰랐지만 사랑의 눈빛이 무섭다는 말로 들렸다.

베트남 여학생은 신기한 듯 놀라운 눈으로 우리 일행들의 일거수일투족을 보면서 자신들의 눈과 다른 것을 발견하고 있었다. 사회주의 국가에서 살아오면서 투쟁만이 행복을 쟁취하는 이념이라고 배워오다가 이번에 만난 한국 사람들의 모습에서 다른 눈빛을 보게 되었던 것이다. 그리스도와 사랑, 한국 사람과 문화, 선교와 봉사라는 정신이 우리들에게서 나타나고 있었다. 이것을 바라보는 행복이의 눈은 남달랐다. 아름다운 산악지대 사파로 가는 길에서 그 눈은 점점 더 커져가고 있었다. 그녀는 진정한 행복을 자신의 한국 이름에서 찾아내야 하는 생의 질문을 받고 있었다.

우리는 베트남에서 통일의 지혜를 배워야 눈을 바로 뜰 수 있게 된다. 호치민이 평생을 독신으로 나라의 독립과 통일을 위해 외로운 투쟁을 하였던 것을 보아야 할 것이다. 그는 자연을 사랑하고 백성들을 사랑하였던 사람이다. 54개의 종족을 하나로 이끌었던 화동(和同)의 철학은 통일의 밑거름이 되었다. 그는 전통 가옥 구조를 만들어 자신의 집무실로 만들어 백성들과 친화력을 가졌고, 그들과 하나 되어 살았던 존경할 만한 인물이었다. 그는 자신의 나라에서 신적인 존재로서 오늘날도 살아있는 영웅이었다. 우리는 그의 눈에서 남북한의 통일을 볼 수 있다. 그는 베트남의 살아있는 눈으로 오늘도 베트남 가가호호의 수호신이 되어 가정의 사진 족자에서 지켜보고 있다. 그들은 국부이며, 정신적인 지도자로서 존경할 인물로서 호치민을 우러러 보았다. 그런 인물을 정치적으로 바라보는 차원에서 한 단계 더 나아가 그를 신으로 믿고 있었다. 이것은 모세 시대의 이스라엘 사람이 모세를 주의 종으로, 카리스마적 지도자로 본 것처럼 존경하지만 신처럼 여기는 않았다. 베트남도 그와 같이 우상화하는 우매함에 빠지지는 말아야 한다. 호치민은 한 인간으로서 흙으로 돌아갔다는 사실. 그래서 단순히 한 인간이라는 점을 직시하고 사회주의의 우상화에서 벗어나서 참 사랑과 참 행복의 주체를 찾아 나서는 지혜를 가져야 할 것이다.

오늘날 베트남은 정신적인 강인함을 자랑하고 있지만 점점 물질적인 유혹과 개방의 물결로 서구 문화에 자신들의 장점을 퇴색시키고 있었다. 반면, 사회주의 국가의 낡아빠진 유물들을 버리고 풍요로운 문화를 받아들이려는 움직임들은 젊은 사람들의 눈에서 나타나고 있었다. 하노이 공항을 빠져 나올 때 베트남 사람들이 이제는 투쟁의 눈으로 사물을 보지 않고 사랑의 눈으로 바라보는 모습을 볼 수 있었다. 그들 속에 행복이가 사랑의 눈으로 높은 곳을 바라보는 모습과 서성이는 모습이 보일 듯 말듯 아른거렸다.

방글라데시 손님

천둥 번개가 칠 때면 방글라데시의 돌풍이 생각난다. 요즈음에 사이클론이 불어서 상당한 인명 피해와 재산 손실이 컸다고 한다. 방글라데시는 세계에서 가장 가난한 나라, 인구 밀도가 가장 높은 나라, 홍수가 제일 많은 나라로 유명하다. 내가 방글라데시와 인연을 갖게 된 것은 대학에서 히브리어를 가르치게 되어 한 노(老) 학생을 알게 되면서 부터였다. 이 학생은 개척 교회를 하다가 34세에 방글라데시에서 선교하고 있는 처녀와 결혼했다.

그는 4년간의 신혼 생활을 방글라데시에서 해야 한다는 신부의 조건을 수락하고 미지의 땅으로 떠났다. 그곳에서의 결혼 생활은, 환경이 너무 좋지 않아서 군대 생활보다도 더 힘들었다. 그래서 한국에 갈 날만 손꼽아 헤아리며 달력을 보는 것이 하루의 일상이었다고 한다. 약속한 시간이 흐르기를 기다리는 것이 무모하다고 생각하고, 무엇인가 뜻 있는 일을 해야겠다는 생각에 학교와 교회를 시작했다. 그가 외국인이라는 신분과 상황이 지역 사회에 이목의 대상이 되었고 경계의 대상이 되어 많은 어려움을 겪었다. 더욱이 한국에서 후원하던 교회가 그만 자신의 교파에

속하지 않는다고 교단가입을 종용하면서 지원을 중지함으로 급하게 귀국하여 후원자를 찾아야 했다. 그래서 1995년 가을 어느 날, 나는 그와의 사제지간에서 좀 더 나아가 후원자 관계를 갖게 되면서 방글라데시를 조금씩 더 알아가게 되었다.

가장 가난한 사람과 나라를 도우면, 복을 받겠지 하는 막연한 생각 속에 그를 돕게 된다. 음악회를 열어서 모금 운동을 벌이고 후원할 사람을 소개하며 함께 하는 시간이 많아졌다. 그러다가 방글라데시에 직접 학생들과 함께 방문하게 되고 부흥회의 성격을 가진 축제를 벌이며 학교 인근의 사람들과 사귀는 시간을 가지기도 했다. 그 다음 겨울에 대전의 어머니 성가대와 함께 두 번째 방문하여 축제 부흥회를 하고 러시아 문화원에서 음악회를 가졌다. 직접 눈으로 보는 방글라데시는 가난과 질병, 무지와 무식, 거짓과 무질서가 사람들의 내적인 모습이었고, 그래도 천진난만한, 가난한 사람들의 외적인 모습을 가지고 있었다. 악천후의 기상 조건과 환경은 감사할 수 없는 문화를 만들었고 탄식하며 희망을 가질 수 없는, 인간성 포기의 상태가 되었다. 이들에게 무슨 희망을 줄 수 있을까. 방글라데시에서 오는 손님에게 어느 정도 소망의 불씨를 줄 수 있는지 바라보고 지켜보고 대접하며 기원하고 있다.

제자인 그 노학생이 방글라데시로 장가갔다가 선교사가 되어 돌아와서 이제는 방글라데시에서 온 귀한 나의 손님되었다. 1년에 한번 방글라데시 손님을 맞는 것은 이제 나의 연례 행사되었다. 모든 일상이 중지되고 손님맞이에 정신없는 나를 보는 아내는 볼멘소리를 높이다가 이제는 무관심스런 눈으로 지켜보게 된다. 그래도 하늘의 복을 받겠다고 아랑곳하지 않고 그를 차로 모시고 전국 방방곡곡을 다니며 모금 활동을 벌인다. 위로와 안식을 위해 관광과 휴식을 취하며 같이 편하고 안락한 시간을 갖기도 한다. 치악산에 가서 시원한 물에 발을 담그는 것을 좋아하는 손님의 취향을 이제 나도 갖게 되었다. 방글라데시에서 받은 상처와 증오가 가실 만해지면, 그는 다시 가난한 사람들에게 빵을 주고 병든 사람들에게 약을 주고, 무지한 사람들에게 글을 가르쳐 줄 수 있는 마음을 가지게 된다. 이제 천둥치는 땅으로 돌아가고자 하는 귀한 손님을 인천 공항으로 모시고 간다. 나도 방글라데시로 이미 마음은 가고 있지만 발은 여전히 한국 하늘 아래 있게 된다. 언제 또 그 방글라데시에 간 손님이 올까. 나는 마음을 조이면서도 기다린다.

선교와 수필

산에 낙엽들이 쌓여가고 있고, 나무는 앙상해진 모습으로 다시 푸르게 될 날을 준비하고 있다. 나는 일주일에 두 번 과외 공부를 한다. 그것은 바로 선교 훈련 공부와 수필 창작 강의 듣는 것이다. 올 후반기에 있어서 특이한 활동은 호프 선교회(전문인 협력기구) 캔 스쿨(창의적 접근 지역) 강의를 듣기 위해 동작 역 근처에 있는 반포 침례교회 교육관에 가는 일과 그 다음날 오전 10시에 중랑구립 정보도서관에 가서 수필 수업을 듣는 일이다.

선교와 수필, 이 둘은 어울리지 않는 분야인 것 같다. 선교는 타민족에 가서 그리스도의 사랑을 전하는 일이고, 수필은 글쓰기 활동으로서 문학 작업이다. 선교는 종교적 활동으로서 외국에 나가서 그곳의 사람들과 같이 살아가는 것이 전제되어 있다. 수필은 일상 속에서 문학가의 눈으로 세상을 바라보며 아름다움을 표현해내고자 하는 예술 작업이라고 말할 수 있다. 이 둘의 차이가 너무 현저하게 다르게 나타나서 이 두 길을 같이 가기는 힘들 것이다. 그러나 어떤 점에서 공통점이 있지 않을까. 선교에서도 인간의 아름다운 이야기를 만들어 가고, 따뜻한 사랑을 써 나가는 작업이니까 사랑의 문학 활동이라고 말할 수 있을 것이다. 마찬가지로 수필도 이 세상을 아름다운 수채화로 그려 나가려고 눈동자를 크게 뜨고 골똘히 생각하며 쫑긋 귀를 기울이고 사람들을 향하고 있으니 이는 실로 문학 선교라고 말할 수 있지 않을까.

수필 선생님을 만나러 가면 마음이 편해지고 학생으로서 다시 동심으로 돌아가며 꿈꾸는 소녀처럼 마냥 즐겁다. 글 못쓰고 문학에 깊은 관심이 없어도 그 자리에 가고자 하는 마음은 무엇인지 설명할 수 없는 이끌림의 역학이 있다. 수필 반에 모인 사람들을 바라보며 무엇인가 인생의 멋을 즐기며 제 3의 눈으로 인생을 관조하려는 분들이란 생각을 한다. 그들을 보면서 나는 또 무엇인가 배우며 함께 삶을 나누고 싶어진다.

매주 월요일 저녁 7시에 선교에 관심 있는 사람들과 같이 모임을 가진다. 찬양 노래 7곡 정도를 부르고 기도하고 나서 선교사님들의 이야기를 듣거나 7명 정도의 인원이 각자 자기의 조별 시간을 갖는다. '열방을 향하여'라는 전문인 선교(직업을 가지고 선교지에 가서 선교하는 것) 교재를 가지고 토론하며 이야기를 나누는 것이다. 이 훈련은 선교지로 가기 위해 준비하는 것이다. 젊은 사람들이 무엇인가 의미 있게 살아가는 일이 다른 사람에게 사랑을 전하는 것이라 생각하고 이 모임에 참석하고 있었다. 선교지원생들은 신앙이 좋고 사랑이 많은 사람들이었다. 이들에게서 다른 민족과 나라에 가서 사는 것이 무엇인지 배우게 된다.

3개월 동안 신내동과 반포에 가서 수필과 선교라는 이야기를 나누었다. 이제 사랑의 눈으로 세상을 바라보며 잔잔한 미소를 띠며 살아가는 법을 배우게 된 것 같다. 이 늦가을에 산에 낙엽을 밟으려 가려한다. 선교지 사람들의 얼굴들을 그려 보기도하고, 수필 소재를 생각해보기도 해야겠다.

인도에 가는 이유는

1월의 인도 하늘은 맑고 푸르다. 인도는 아침, 저녁으로 한국의 서늘한 가을 날씨를 느끼게 하지만 낮에는 30도가 웃도는 기온이었다. 하지만 습기가 없는 건조한 날씨라 따뜻한 온기를 준다. 적도권에 있는 인도로 오늘도 지구촌 사람들은 모여들고 있다. 인도에 가고 싶어 하는 사람들이 의외로 많다. 특히 여자들이 더 많이 가고 싶어 하는 것 같다. 인도는 그 만큼 신비롭고 아름다운 나라인가 보다. 내가 인도에 갔을 때 많은 한국 여자들이 구도자의 모습으로 여행하고 있었다. 인도는 매력 있는 나라이다. 제각기 자기 자신을 찾을 수 있으니까.

인도 여자들은 대부분 눈썹 중간에 빨간 점가루처럼 생긴 스티커를 붙인다. 이 점을 '띠까'라고 부른다. 힌두교 의식 속에 이 점을 붙이면서 복을 빈다. 그 점은 멋을 상징하기도 하고 인도 여자임을 나타낸다. 인도는 남녀가 평등한 사회는 아니다. 이혼율은 그리 높지 않은 편이다. 결혼하면 죽을 때까지 같이 살아야 하는 것이 운명인 것처럼 보였다. 남녀유별이 강조되어 지금도 따로 따로 앉아 있다. 동양권의 시작인 나라라 그런 것 같다.

불교 신자들이 성지 순례로 인도에 가고 싶어 한다. 부처(붓다)의 나라에 가면 무엇인가 신성함이 자신을 둘러쌓을 거라고 생각한다. 비행기에 타려고 공항에 들어서자 많은 스님들을 보았다. 비구니도 있었다. 그들은 참 자신을 찾으려고 한다. 진정한 자아와 도의 세계를 찾으러 간다.

원효대사는 인도로 가는 길에 잠자다가 바가지에 있는 물을 마시고 나서 그 다음날 마신 물이 해골에 담긴 물임을 알고 깨달음을 얻었다고 한다. 그러나 나는 2 주간의 여행을 해야 했다. 인도에 살고 있는 사람들을 만나서 들려줄 이야기를 위해 떠나야 했다. 그것은 우주의 사랑 이야기이었다. 십자가 사랑 이야기를 소개하려고 가는 발걸음이었다.

인도는 붓다가 태어나 불교를 창시한 나라이지만 중국 · 한국 · 스리랑카 · 태국 · 일본 등에서 오히려 그 종교가 더욱 크게 융성하였다. 이제는 대표적 종교가 힌두교이고 불교의 존재는 아주 미미했다. 그런 인도에서 그들이 무엇을 보고 진리를 찾을지 궁금하다. 인도에서 초등학교 학생들이 매일 조회 시간에 '옴'하고 브라만의 천지 주재의 소리로 요가를 하는 것을 보았다. 이 '옴'은 힌두교 인들이 집안에서 장식하고, 집 앞에다가 옴 자를 그리기도 하는 성자(聖字)이다. 얼마 전 TV에서 왕건 역을 맡았던 김영철이 '옴마니 반메옴'을 외치게 하였던 일이 생각났다. 어렸을 때부터 힌두교 종교 교육을 철저하게 시키는 인도를 보며 그들의 의식 속에 이 힌두 사상이 뿌리 깊게 스며 들어있었다.

인도는 거지가 많고 빈민촌이 많은 나라이다. 어디를 가도 사람들이 붐비었다. 시내에도 길가에도 코코넛이나 바나나 잎으로 만든 누추한 집이 있었다. 그들은 신분제도인 카스트를 운명적으로 받아들이고 살아가는 사람들이다. 내세에는 더 나아지려고 카르마(업보業報)를 기대하며 산다. 인도는 종교적으로 다신교 나라이다. 종교 신상이 얼마나 많은지 모른다. 그 여러 신들 중에 코끼리 신(가네스), 시바(파괴)신이 타고 다니는 소(난디)신, 원숭이 신, 코브라신등 특히 동물을 신으로 섬기는 나라이다. 그래서 그런지 도로나 마을이나 집에서 동물과 사람이 같이 살고 있었다. 참으로 신기하기도 하고 우습기도 하다. 달리 말해 인도는 동물애호국이라고 칭찬을 해야 할 정도이었다. 그래서 신비한 나라라고 하는지 모르지만 말이다.

인도는 여러 날 여행해야 하는 나라이다. 여행객은 대부분 한 달, 6개월이나 일 년을 계획하고 다닌다. 인구 10억, 수많은 인종(2000종)들이 사는 인도는 러시아 · 중국 · 미국 다음으로 큰 나라이다. 나의 2 주간의 여행은 너무도 짧았지만 인도는 더 이상 나를 머물게 하지 않았다. 다음에 또 갈 수 있는 기회가 있을지 모르겠지만 말이다. 이 단기간 여행에서 인도를 다 보기란 어려웠고 힘들었다. 우리를 보기 위해 인도는 봐야 할 곳이었다. 나를 찾기 위해 인도를 이해해야 할 곳인 것 같았다. 신기루를 좇지 않고 마음의 인도를 찾아야 진정한 자아를 찾을 수 있을 것이라고, 인도의 끝자락에서 소리가 들리는 듯 했다.

그 소리가 바로 사랑 이야기라고. 마더 테레사가 그곳에서 죽어 가는 사람들과 같이 있었던 사랑 이야기. 성(聖)도마가 첸나이에서 처음으로 십자가 사랑을 소개하였듯이. 윌리암 케리라는 사람이 웨스트벵갈 주(州) 세람포 항구에서 인도 대륙을 향하여 그 이야기를 들려주었듯이 누군가 또 들려주어야 한다. 이제 인도를 가고자 하는 사람들이 그 이야기를 들려주러 가고자 하는 발걸음이기를 바란다. 원효가 인도에 가야할 이유가 여기에 있지 않는가.

중국 풍경(風景)

중국은 아시아 역사 속에서 항상 힘의 중심으로 강자의 논리에 따라 주변 나라위에 군림하며 살아왔다. 근래 들어 근대화 운동에 앞장 선 일본이 대동아 정책으로 한국과 중국, 러시아, 필리핀 등 아시아 여러 나라를 한 때 지배하면서 패권의 향방이 달라졌다. 역사의 물결이 이제 바뀌어 일본과 한국이 세계무대에서 물질문화의 흐름을 주도하고 있다. 하지만 중국 안에서는 상처를 주었던 일본보다는 한국의 손길을 선호하고 있다. 한류(韓流)가 중국 문화 안에 인기를 끌고 있다. 중국 시장은 한국 물건이 따로 한 칸을 차지하고 있다. 청도에는 한국 집성촌이 있고, 한국 공장들이 즐비하게 늘어져 있고 한국 간판이 거리에 늘어져 있다. 한국의 자본이 중국 경제에 다수를 점하고 있다.

한국 역사에 늘 사대주의 물결이 있었다. 이제는 사대주의의 물결이 바뀌어 한류가 중원에 흘러 들어가고 있다. 물질문화 자본주의 바람이 거세게 중국 땅에 불고 있다. 미국의 바람이 거세고, 한국 사람들의 기업 문화가 퍼져서 중국의 경제, 문화, 정치에 영향을 주고 있다. 도시는 자본주의 시장 경제의 논리가 지배하는 곳이 되었다. 아직 농촌은 변화의 흐림이 느껴지지 않는 것처럼 보인다. 중국의 외환 보유가 세계 1위라고 해도 물가는 낮고 돈의 가치는 낮다. 소수의 가진 자와 다수의 가난한 자의 상태, 부익부 빈익빈의 경제 구조이다. 중국은 계속 한국의 자본이 들어오기를 기대하고 있다. 북한과 형제 나라로 혈맹관계를 깨뜨리면서까지 한국과 공조를 하는 관계가 되었다. 중국 사람의 실리 추구 인간성이 드러나고 있다.

만만디, 천천히 느리게 움직이는 중국 사람들은 생각에서 이리 재고 저리 재고하며, 시행착오를 하지 않고 행동은 빠르게 하는 실리 중심의 사람이다. 공산주의· 사회주의 체제가 만들어 놓은 인간상, 문화 혁명을 통해 어떻게 살아남아야 하는가를 배웠고, 도덕과 윤리를 추구하는 공자의 유교 사상은 찾아보기 힘든 사회가 되었다. 돈이면 권력자를 사서 실리를 추구하던 사회에서, 더욱 돈을 가지면 사회의 중심에 갈 수 있는 사회가 되었으니, 이제는 권력보다 돈이 우선한 사회의 행태(行態)가 되었다.

변화의 물결이 불어오니 세계의 판도가 변화할 것이라고 말한다. 미국에서 중국으로, 중국에서 인도로 세계의 강대국 추이가 변할 것이라고 한 목소리로 떠들어 댄다. 물질과 문명의 기계주의(메카니즘)는 변함없이 인간을 보이는 세계를 추구하는 인간으로 만든다. 정신과 영혼의 가치를 높이고 보이지 않는 세계를 추구하는 영원 추구의 인간상은 찾아보기 힘들게 한다. 중국의 젊은이들이 추구하는 세계는 바로 출세와 부, 권력과 강력한 나라이다. 이 자본주의 바람이 거대한 대륙을 지배하고 있다. 이미 사회주의 체제에 대해선 관심이 없다. 돈과 물질이면 모든 것을 얻을 수 있다고 생각하고 있다.

중국은 늘 대만을 의식하고 있다. 모택동의 책사이자, 그를 대장정에 합류시켰던 주은래가 죽을 때 자신의 유해를 반은 중국에, 반은 대만에 뿌리라는 유언은 그들의 의식의 편린을 보여 준다. 한국과 북한의 관계처럼, 늘 그들의 의식 속에 남아 있다. 홍콩과 마카오는 이미 중국이 되었고, 싱가포르는 한족 화교의 나라이다. 완전 독립된 별개의 나라이지만 중국과 관계가 깊다. 그런 면에서 연해주 블라디보스톡, 키르키스탄, 카자크스탄, 러시아 땅과 조선족의 중국 동북 땅, 사할린, 베트남, 브라질은 우리와 관계가 멀지 않다.

거대한 대륙에 한국의 일부 실패한 사람들이 머물고 있다. 돈을 벌겠다고 뛰어든 한국의 중소 기업인들이 마지못해 움직이고 있다. 조선족은 바삐 조상의 나라 한국에, 중원에 한국인들의 진출에 앞장서고 있다. 물질을 좇아 움직이는 그들 속에 신앙을 좇는 소수의 젊은이들에게 역사는 기대를 걸고 있다.

중국, 한국과 일본이 나란히 서로를 지켜보며 있다. 서로 늘 국가의 역학 관계, 세계 물결의 함수 관계에서 영향을 주고받는다. 세계의 주도적 바람이 어디서 부는가에 따라 역사의 중심을 이끌어 갔다. 이제 그 흐름은 자본을 따라 움직이고 있다. 그러나 그 보이지 않는 태풍의 눈은 정신과 영혼의 세계를 이끌어가는 사람들에 의해 움직이고 있다는 것을 아는지, 우주의 바람은 서쪽으로, 서쪽으로 불고 있다. 지치고 상한 영혼이 부르는 외침은 서쪽에서 강하게 손짓하고 있다. 서쪽으로 그 영혼을 구원하러 가자.

한국창조문학대표수필선
녹색 여행

2017년 8월 15일 초판 인쇄
2017년 8월 20일 초판 발행
저 자 박 신 배
발행인 신 용 호
발행처 창조문학사
서울 서대문구가좌로 86 동천아카데미5층

등록번호 제1-263호
전화 02 - 374 - 9011 FAX 374-5217
이메일: hmpo@hanmail.net

공급처: 한국출판협동조합 전화 716-5616~9
저자와 협의에 의해 인지를 생략합니다.
파본은 바꾸어 드립니다.
ISBN 978-89-7734-462-4
정가 12,000원